處混。同混。亂混。雜混 chù hoen . tum hoen . luon hoen . çá hoen	De mistura
…。喜越。喜愈 … hì yuě . hì yu	De melhor uontade
…做心用。意用 …ó sin yum . ý yum	D.
說名我把。說名我以。我替。我代 xuě mim ngò pà . xuě mim ngò ỳ . ngò tí . ngò taí	De minha parte
說人么作。說名我用。說名我提 xuě gin meù çó . xuě mim ngò yúm . xuě mim ngò tí	D.
即 çiě	De modo
神邪。魔妖。鬼魔。魔邪 xin siě . guei yaō . guei mō . mō siě	Demonio
證明。論指。論明 chim mim . lun chì . lun mim	Demonstração
多許用。種百。般百。種多。般多。樣多 tō hiù yum . chum pě . puon pě . chum tō . puon tō . yam tō	De muitas maneiras
路門許多用。法 lú muen hiù tō yúm fǎ	D.
定必。然定。然必。然固 tim piě . yen tim . yen piě . yen cú	De necessidade
處一沒。處一無 chú yě mǒ . chú yě vû	De hũa parte
間晚。下晚。中夜。裡夜。間夜。下夜 kien van . hiá vàn . chum yé . lí yé . kien yé . hiá yé	De noite
旱水年明。兆主。主兆 han xùi nien mim . vg. chāo chù . chù chaó	De notar algo
示暗。指暗。示指 xí ngan . chì ngán . xí chì	Demostrar co dedo

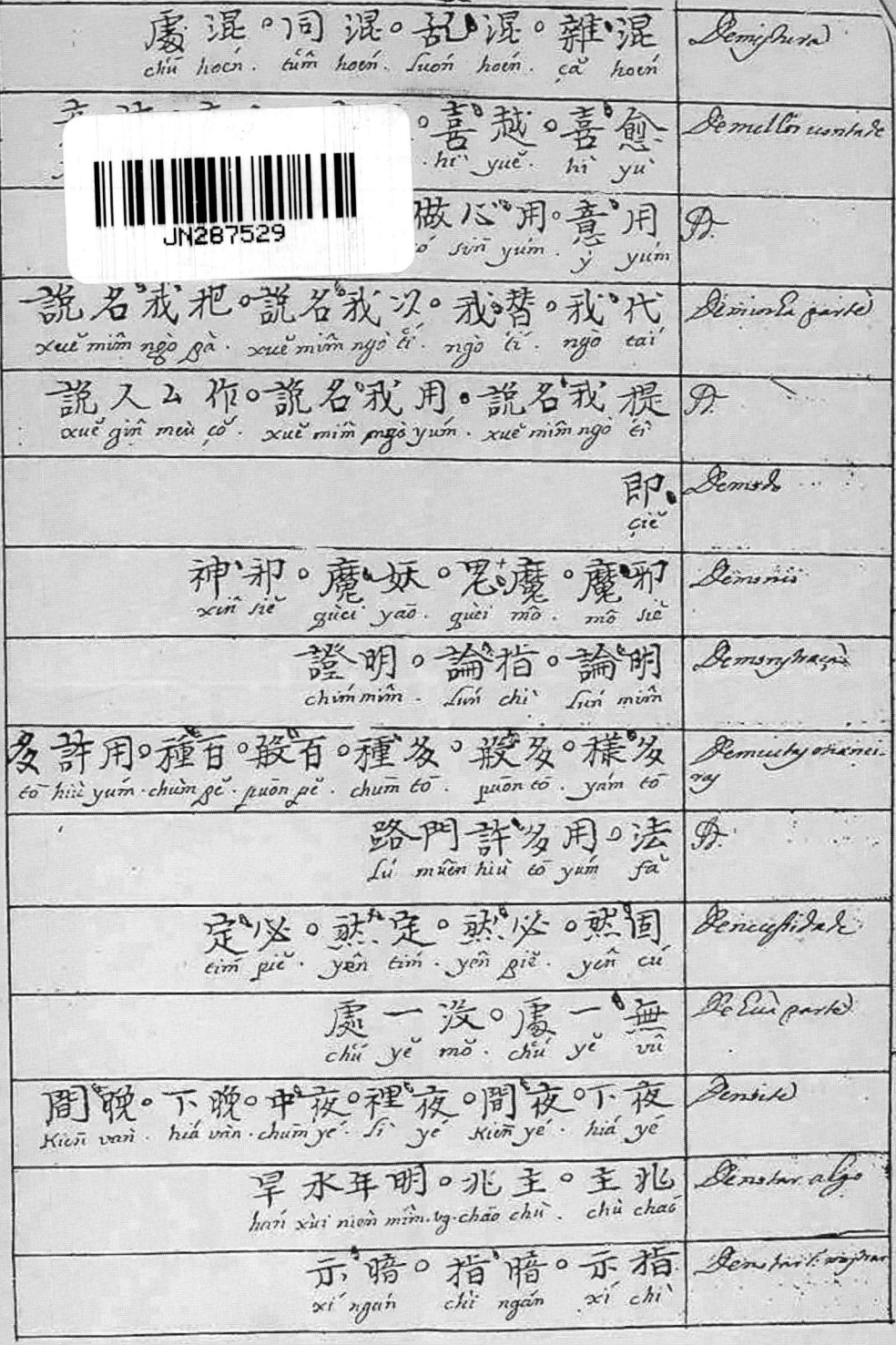

監修者――佐藤次高／木村靖二／岸本美緒

［カバー表写真］
マテオ・リッチと徐光啓
（アタナシウス・キルヘル『中国図説』アムステルダム 1667年）

［カバー裏写真］
上海徐光啓公園の教会

［扉写真］
宣教師の中国語辞典
（手稿，リスボン国立図書館蔵）

世界史リブレット109

イエズス会と中国知識人

Okamoto Sae

岡本さえ

目次

東西の対話

アジアの文化を先導してきたと誇る中国に、イエズス会士がやってきたのは十六世紀末の明代だった。入国する前から中国語を学び、中国の伝統や習慣を尊重することに決めていたマテオ・リッチ▲は、広東《カントン》から北上して首都北京にはいるまでの一八年間に、徐々に中国知識人▲に接近することができた。明朝は衰退期にはいったとはいえ、南部沿岸には巨大都市が連なっていて、商取引を見慣れている文人たちは異文化にたいする好奇心とおおらかさがあった。

容貌も言葉も異なる外国人の滞在と、彼らの宗教活動を警戒する中国知識人は、少なくなかった。しかし「中華の文明を慕って何万里も航海してきた」イエズス会士の学識を認め、贈物の時計や地球儀などに興味を示し、彼らの信仰

▼マテオ・リッチ（利瑪竇《りまとう》、一五五二〜一六一〇）　イタリア生まれ。一五八三年に中国に入国し、漢文による『天主実義』『坤輿《こんよ》万国全図』ほかの作品で知られた。一六〇一年から明朝の保護をえて、北京に永住。イエズス会初代の中国布教長。

▼中国知識人　文人、読書人とも呼ばれる。日本の文人と違って、経済と政治を握る特権階級であった。

する天主教▲は天を敬い人を愛すから儒学の教えに背かないといって、中国滞在を黙認する高官たちがあらわれた。とくにイエズス会士の数理科学の知識と技術を高く評価し、それを摂取しようと試みた徐光啓《じょこうけい》▲らが、この時代の中国で発行したイエズス会士関係の漢訳書は、膨大な数量にのぼった。

キリスト教布教のためのパンフレットや西洋紹介の書を、イエズス会士が文人の協力をえて、漢文で共同出版する場合も多かった。漢籍に紹介されたヨーロッパ文化は、東アジア諸国の鎖国の網をくぐって朝鮮半島や日本、さらにベトナムなど、当時の漢字文化圏に広く伝わった。

十七世紀中期に漢民族の明朝が倒れ、少数民族である満州族が支配する清代にはいった。もしも清朝政府よりも西洋人のいうことを尊重する天主教徒がふえれば、いざというときに国内に擾乱《じょうらん》が起こる、として満人皇帝はキリスト教を禁止し、明代に盛んだったイエズス会士と中国文人の出版協力も、厳しく制限した。さらに十八世紀になってローマ教皇がかつての方針を変えて、中国イエズス会に儒教儀礼を禁止する勅令を出したことも、中国側のヨーロッパ人宣教師追放に拍車をかけた。イエズス会士は暦・地図・武器などの製作で清朝皇

▼天主教　カトリック・キリスト教の漢訳。リッチがデウスを天主と訳して広まったが、天主教を天学・天教・西教・景教と呼ぶ中国人もいた。なお基督教という表記は、プロテスタント宣教師がはいった十九世紀に普及した。

▼徐光啓（一五六二〜一六三三）　衰退する明朝の富国強兵のために、イエズス会士の科学技術を導入したテクノクラート。リッチに協力して『幾何原本《きかげんぽん》』を出版し、西洋暦法による暦局《れききょく》を新設。礼部《れいぶ》尚書（儀礼・教育をつかさどる省庁の長官）を務めた。写真は徐光啓像。

帝に協力する見返りに、かろうじて中国滞在を許される立場におかれた。

清代におけるイエズス会士は、ヨーロッパの文化を中国知識人に伝えることよりも、むしろヨーロッパにない中国文化をヨーロッパ各地に伝えることに力をいれるようになった。陶磁器・絹織物・庭園技術から古典・歴史・文学にいたるまで、中国はヨーロッパ社会に幅広い影響をおよぼした。十七・十八世紀のヨーロッパ大陸には中国趣味といわれるブームが起こったし、イエズス会士が伝える中国の歴史や社会は、それまで聖書の記述に疑いをもたなかったキリスト教的歴史観にも、大きな衝撃を与えた。

ヨーロッパ諸国の政治的軋轢《あつれき》や新旧キリスト教の対立、さらに中国における王朝交代による戦乱や民族対立などの影響を受けながらも、イエズス会士と中国知識人が接触し対話を繰り返した結果、なにが新しく生まれ、それは双方の文化にどのような影響を与えたのか。

イエズス会士をつうじて、中国人はいかにヨーロッパの文化をとらえたのか。逆にヨーロッパ人の中国観は、どのような変遷をたどったのか。とくに十八世紀後半のイエズス会解散をきっかけに、ヨーロッパ人は中国についてどのようなイメージをもつようになるだろうか。

カトリック・キリスト教布教をめぐって生まれた、イエズス会士と中国知識人の交流を追跡し、東西文化の対話を考えてみたい。

①—イエズス会士の中国入国

創立者イグナティウス・デ・ロヨラ

一五三四年八月十五日にイグナティウス・デ・ロヨラ▲は、ディエゴ・ライネス、フランシスコ・ザビエル▲、ピエール・ファーヴル、ニコラ・ボバディィリア、シモン・ロドリゲス、アルフォンソ・サルメロンの六人の同志とともに、パリのモンマルトルにあるサン・ドニ教会で夜を徹して祈り、清貧で貞潔な生活を守りキリスト教の聖地イェルサレムへの巡礼を実現し、教会のもとで世界の救霊事業をおこなうことを誓った。ロヨラたちが、ローマ教皇の命ずるままに世界のどこへでも宣教にいく誓願を立ててから、イエズス会設立までさらに六年かかる。

十六世紀ヨーロッパのキリスト教世界は、宗教改革の時代だった。一五一七年にドイツのマルティン・ルター▲が、教皇庁は時代の宗教的苦悶に応えていない、と疑問を投げかけた。ルターは教会の免罪符販売を非難し、教皇の絶対的な権威を否定して、聖書を中心にした初代教会の信仰にもどろうと呼びかけた。

▼イグナティウス・デ・ロヨラ（一四九一頃～一五五六） スペイン北部のバスク地方生まれ。イエズス会の創立者（九頁参照）。

▼フランシスコ・ザビエル（一五〇六～五二） スペイン・バスク地方、ナバラ王国城主の子。スペインではハビエル、ポルトガルではシャビエルと呼ばれる。現地の文化を尊重する方針を徹底したザビエルは、日本だけでなくインドでも後続のイエズス会士に影響を与えた。

▼マルティン・ルター（一四八三～一五四六） 神学博士。神聖ローマ帝国皇帝カール五世（スペインのカルロス一世のこと。当時兼任していた）に断罪されたが、ザクセン選帝侯にかくまわれ『新訳聖書』をドイツ語に訳した。

そもそもルターが二十代に学んだアウグスティヌス会▲は、ドミニコ会▲やフランシスコ会▲と並んで十三世紀にできたカトリック托鉢修道会の一つであった。乞食修道会とも呼ばれたこれらの教団は、教会が財を蓄えて富裕になることを批判し、会員に金銭の授受や不動産をもつことを禁止していた。

スイスのツヴィングリ▲やカルヴァン▲も、カトリック教会に反旗を翻し、プロテスタント▲が生まれた。一五一九年からドイツ・スイス・フランス・オランダ・スコットランド・イングランドにプロテスタント諸派が広がった。ただしプロテスタントが対抗勢力としてイエズス会士の意識にのぼるのは、ロヨラの生存中ではなく、トレント公会議▲以後のことである。

ロヨラが会の基本精神綱要を書き上げ、ローマ教皇パウルス三世から口頭でイエズス会の発足が認可されたのは一五三九年だった。翌年三月、早くもザビエルはリスボンからインドへ向けて出帆している。イエズス会が教皇勅書によって公認されたのは、一五四〇年九月であった。

翌年ロヨラは、同志たちの投票で総長に選出された。彼はイエズス会の第一の目的を、全人類の救済と神の栄光のため、世界を教会に従わせることとした。

▼アウグスティヌス会　聖アウグスティヌスの教義を信奉して、一二五六年に成立した隠修士会。托鉢教団とも呼ばれた。学問・伝道・教育に力をそそぐ。ルターが所属した。

▼ドミニコ会　説教と救霊のためドミニクスが設立し、清貧・貞潔・従順を守った。一二一六年に教皇が認証した。十四世紀に会員数一万人に達した。

▼フランシスコ会　一二〇九年の会則で説教と勤労奉仕を定め、会員は定収入や不動産を放棄した。十四世紀初に会員数は三万人をこえた。

▼ウルリッヒ・ツヴィングリ（一四八四〜一五三一）　スイスの宗教改革者。十分の一税を廃止し、貧民救済に努めた。

▼ジャン・カルヴァン（一五〇九〜六四）　フランス生まれのスイスの宗教改革者。全聖書の注解を書き、プロテスタントを組織した。

▼プロテスタント　ルターの宗教改革宣言(一五一七年)以来、ドイツ諸侯には宗教改革派になる者がふえた。一五二九年のシュパイエル国会がカール五世の名で改革を否認すると、改革派諸侯が抗議書(プロテスタティオ)を出したため、この名称がついた。

▼トレント(トリエント)公会議　カトリック教会総会議(一五四五〜六三年)。ドミニコ会・フランシスコ会・アウグスティヌス会と、教皇勅書によって公認されたばかりのイエズス会の会員が集合した。

フランシスコ・ザビエル

世界のいかなる地でもいかなる仕事でも、すぐに現場に赴くイエズス会士は、他のカトリック教団よりも布教に積極的だった。ロヨラの同志は会が公認される前から、つぎつぎに世界に出ていった。

十六世紀中期にはアフリカ、ラテンアメリカ、フランス領北米、アジアにイエズス会士の姿が見られる。イエズス会士がアフリカのコンゴ、モロッコ、エチオピアに達したのは、一五四〇年代であった。ブラジルには一五四九年に到着し、フランシスコ会士と対立したが、リオ・デ・ジャネイロやサンパウロにイエズス会宣教団がはいった。フランス領北米にも一五六六年に到着した。

オリエントの使徒ザビエル

一五一〇年、ポルトガル提督アフォンソ・アルバケルクがインドのゴアを占領し、そこにキリスト教がはいった。イエズス会士が訪れたインドはヒンドゥー教国でありながら、北部はイスラームのムガル帝国に支配されていた。ポルトガル人やその二世およびカースト下位のインド人を対象にした初期のキリスト教布教は、ヒンドゥー文明を担うインド市民を顧慮しなかったので反発も強かったが、一五四二年にザビエルがゴアに到着してからは、ゴアがイエズス会の根拠地となった。のちに総長となるクラウディオ・アクアヴィヴァ▲の甥ロドルフォ・アクアヴィヴァは、ムガル朝のアクバル大帝▲を訪問する機会をえる。ザビエルの影響を受けたイエズス会士ノビリ▲は、ヒンドゥー教徒に近づいて宣教し、東部海岸地帯で多くの信徒をえた。

ザビエルはゴア・コーチン・マドラスのインド諸都市から、スリランカ・マラッカ・モルッカ諸島を調査に駆けめぐり、日本人アンジロウの協力で一五四九年、鹿児島に上陸した。総長ロヨラは同郷のザビエルを深く信頼し、インド管区長ならびに教皇特使に任命する書簡を送っている。

亡くなる前年にザビエルは、ポルトガル船で日本(豊後《ぶんご》)を去りマラッカに向かうが、そのころには中国布教を強くめざすようになっていた。きっかけになったのは、日本人が「唯一の真の教えとあなたがいうのに、どうして中国人が(キリスト教を)知らないのか」と反論したからだという。中国を手本にしている日本や東アジア各地の異教徒に偶像崇拝をやめさせるには、中国にキリスト教を広めることが肝心だ。中国の皇帝を説得できたら、漢字文化圏の人びとは

▼クラウディオ・アクアヴィヴァ
全管区での奴隷売買を禁止し、ロヨラの遺志を継いでイエズス会会憲を守った中興の第五代総長(在任一五八一〜一六一五)。

▼アクバル大帝(一五四二〜一六〇五)　ムガル帝国の第三代皇帝で、帝国の基礎をかためた。イスラーム社会のなかで一五七〇年代に、ゴアからキリスト教宣教師をまねいたことがあった。

▼ロベルト・デ・ノビリ(一五七七〜一六五六)　イタリア人イエズス会士。タミール語やサンスクリット語を学び、バラモンの文化を尊重する彼の宣教方針が、教皇庁に認められたのは一六二三年だった。

▼アンジロウ(パウロ・デ・サンタ・フェ、生没年未詳)　もと薩摩の貿易商といわれる。人を殺害したため出奔し、マラッカでザビエルと出会う。ゴアで洗礼を受け、イエズス会に日本事情を伝えた。

●—**イグナティウス・デ・ロヨラ**　十六歳のときに父が他界し、軍人の道を歩む。フランス軍と戦い、一五二一年負傷。治療中に霊的体験をえた。パリで学び修道士となる。聖職禄を辞退し、イエズス会を創立。ポルトガル王ジョアン三世がインド・アフリカへの宣教を要請し、資金を提供。ロヨラは霊性については論じないで、効果的な労働と黙想によって、高い境地をめざした。

●—**教皇パウルス三世に認可を受けるイエズス会**　ローマ、イル・ジェズ教会蔵、十七世紀。

●—**イエズス会の公式紋章**

●—**ザビエルのインド布教**　クッラディ画、フィレンツェ、サン・ジョヴァンニーノ・デーイ・スコローピ教会蔵、十七世紀。

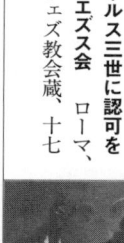

キリスト教信者になる。ザビエルはこう考えた。

広東《カントン》沖の上川島《じょうせんとう》を経由した彼は、ポルトガル船サンタクロス号で親友ディオゴ・ペレイラに会い、マラッカまで同道して中国にはいる方法を相談した。商人ペレイラをインド総督派遣大使に仕立てる案が、もっとも可能性が高い。この計画はインド総督とゴア司祭の賛成をえたが、マラッカ総督から横やりがはいり、サンタクロス号は出航を禁じられた。

残る手段は密入国だけだ。ザビエルは商人と交渉して広東まで連れていってもらい、そこで省の長官である巡撫に直談判しようと考えた。外国人に便宜をはかれば自分の命が危ない、と中国人たちは尻込みしたが、一人の商人が二〇〇クルザード▲で引き受けた。

他のポルトガル船は商売を終えると、つぎつぎに上川島を出ていく。サンタクロス号は一五五二年十一月末まで、上川島にとどまった。しかし約束の日に商人はあらわれず、ザビエルは胸膜炎で高熱が出て船上で亡くなった。看取ったのはゴアのコレジヨ▲以来の中国人弟子だった。

▼クルザード　ポルトガルの金建貨幣。東アジアでは銀建てで銅銭を使っていた。一〇〇クルザードは、インドで宣教師の一年分の費用であった。二〇〇クルザードは、現在の日本の数百万円に相当すると推定される。

▼コレジヨ　イエズス会士養成のために、世界各地に設置された教育機関で、学院とも呼ばれる。

▼ファン・デ・ベガ　カルロス一世の命で一五五〇年にアフリカを包囲。ロヨラは同志ライネスを従軍司祭として派遣し、ベガの側近を介して軍隊に航海計画を提示した。

▼カルロス一世(一五〇〇〜五八)　スペイン王。ハプスブルグ家出身。神聖ローマ帝国の皇帝(カール五世)をかねた。一五五五年アウグスブルグ講和で、新旧キリスト教を調停した。フィリピンをめぐって、ポルトガルのジョアン三世と対立。

イエズス会の教育重視

総長ロヨラが第二の目的としたのは、オスマン帝国からのキリスト教徒解放であった。清貧を誓うイエズス会の財源は乏しく、一五五〇年にはローマ在住の会士が、全員托鉢にでなければ食べていけなかった。ロヨラはこのころ、友人のシチリア副王ファン・デ・ベガ▲に計画書を送り、スペイン国王カルロス一世▲の軍事力を借りてキリスト教信者を救出しようとした。

神聖ローマ皇帝をかねていたカルロス一世は、聖地イェルサレム奪回をめざして一五四一年以来北アフリカを攻撃した。しかし当時スペインに対抗していたフランスは、一五三五年のカピチュレーション▲以来オスマン帝国と同盟しており、その領内で特権をえていた。このように十六世紀のヨーロッパ・カトリック世界は、決して一枚岩ではなかった。さらにまた「片手に剣を、もう片方に十字架を」掲げた宣教しか念頭にないイエズス会士アロンソ・サンチェス▲の強硬方針にたいしては、会内部でもホセ・デ・アコスタ▲らの強い批判があった。

結局ロヨラが希望したスペイン艦隊は、実現しなかった。彼はその後各地にイエズス会の学校を設立して、授業料なしで会員に最高の教育を受けさせ、実

▼カピチュレーション　生命・財産・治外法権などの特権的保障を、在留外国人に認める条約。十六世紀にオスマン帝国が地中海貿易のため、フランス・イギリス・オランダと結んだ。近代における中国・日本などの不平等条約にも、影響した。

▼アロンソ（アフォンソ）・サンチェス（?〜一五九三）　一五八二〜八六年に、中国征服論を唱えたスペイン人イエズス会士。フェリペ二世が軍を建てることを認めなかったため帰国した。

▼ホセ・デ・アコスタ（一五四〇頃〜一六〇〇）　スペイン人イエズス会士で神学者・哲学者。ペルーのイエズス会管区長。インド西部で強引なキリスト教布教がおこなわれたとき、鋭く批判した。『インディオの救いの促進』などの著書がある。

践的な知性による宣教をめざすようになる。ロヨラは武力に頼ることをやめて、布教によって地中海東部や北アフリカを解放する方針にきりかえたのだった。

イエズス会は志願者にたいして一〇年から一七年をかけて教育し、請願修道士を育てあげた。会員はヨーロッパで最新の学問とともに、黙想による脱俗や献身的な労働を厳しく教えられた。ロヨラの教育重視は、大成功をおさめた。メッシーナ学院は、一五五一年にコレジヨ・ロマーノ（ローマ学院、現在のローマ大学）に発展する。

一五五三年にロヨラは、ザビエルをポルトガルに呼び返す命令書を送っている。一説では、病弱に悩むロヨラが総長の地位を譲りたかった、といわれる。しかしザビエルはその書簡を見ることなく、半年前に死去していた。ロヨラはエチオピアをカトリックに引き戻す指令を出したが失敗し、コンゴに派遣されたイエズス会士もリスボンに追放されている。ロヨラが病死した一五五六年、イエズス会の会員数は約一〇〇〇名だった。

ロヨラが遺したコレジヨ・ロマーノは、とくにクリストフ・クラビウス▲が教鞭をとった一五六三年から一六一二年にかけて、ヨーロッパで名声をあげた。

▼**クリストフ・クラビウス**（一五三八～一六一二）　数学者・天文学者として名高いイエズス会士。教皇グレゴリウス十三世のグレゴリウス暦（グレゴリオ暦）の作成を担当した。ガリレオとも交友がある。北京にいるコレジヨ・ロマーノ時代の教え子リッチに、自著『アストロラビウム』（一五九三年）を送った。リッチは李之藻《りしそう》（一二頁参照）とこの本を漢訳し、『渾蓋《こんがい》通憲図説』（一六〇七年）を出版した。

一五六五年に会員数二〇〇〇名、コレジヨ四〇校だったイエズス会は、一六一五年に会員数一万四〇〇〇名に達した。さらに十八世紀中期になると、コレジヨ六六九校、セミナリオ一七六校、大学二四校を擁する会員二万二五〇〇名の大集団となり、イエズス会士は「ヨーロッパの教師」と呼ばれた。

他教団の東アジア進出とイエズス会

カトリック諸派のうちで、托鉢修道会のフランシスコ会やドミニコ会は、イエズス会創立のはるか以前からアジアで活動していた。モンゴルと和戦両様の道を探った教皇インノケンティウス四世が、一二四五年にモンゴル帝国の都カラコルムへ派遣した使節の一人は、フランシスコ会士プラノ・カルピーニ▲であった。元代の一三一〇年ころには、ザイトンと呼ばれた泉州(福建省)に、教皇クレメンス五世の援助でフランシスコ司教館が建てられた。ドミニコ会も同じ十四世紀に、西アジア・南アジアへの宣教志願者を募集しはじめた。

ここで一四一五年ポルトガルによるモロッコのセウタ攻略以後、十五世紀に本格化した大航海時代が、宣教に大きな影響を与えたことに注意しておきたい。

▼プラノ・カルピーニ(一一八二頃〜一二五二)　イタリアのフランシスコ会士。インノケンティウス四世の使者としてモンゴル帝国のカラコルムに達し、グユク(漢名、喜由)と書を交わして帰国。彼の報告書は、マルコ・ポーロ以前の唯一の東洋旅行記として貴重である。

『**世界航路図**』 一五八九年ころロンドンで刊行されたもの。

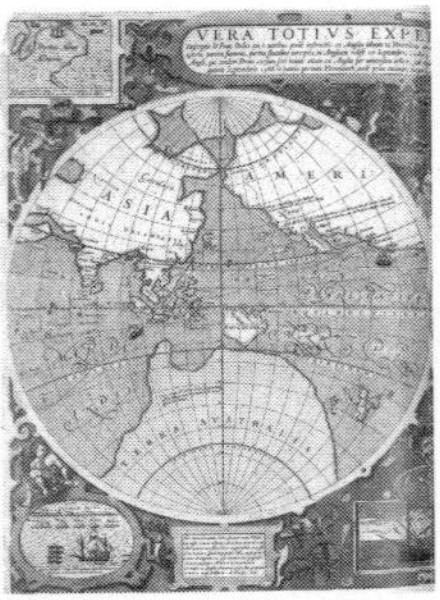

▼フェルディナンド・マゼラン（一四八〇頃〜一五二一） フェルナン・マガリャンエス。ポルトガルの航海者。一五一七年以後はスペインのカルロス一世に仕えた。史上最初に世界一周した遠征隊の隊長。

▼トメ・ピレス（一四六六頃〜一五二四頃） ヨーロッパ人として、中国へはじめて大使として派遣されたポルトガル外交官。嘉靖《かせい》帝はピレスを大使としてむかえず、持参したマラッカ大使の手紙も礼を失していたため、広東にもどされ投獄された。その後、中国内陸部に追放され死去。

大航海時代はヨーロッパ人に新しい地平と展望を開いたが、キリスト教も十五世紀からは、ヨーロッパ諸国の勢力拡大と密接に結びついていった。ヨーロッパ諸国が争って海を渡り、アメリカ大陸やアフリカ・アジアを侵略し占領しはじめるのと同じ時期に、ローマ教皇は国王に特権を与えるかわりに、カトリック・キリスト教布教のための資金援助を受ける方式を確立した。

一四五〇年代に教皇ニコラウス五世がポルトガル・スペイン両国王に、布教地での土地領有と貿易独占権を認めている。一四九三年には教皇アレクサンデル六世が、この両国に占領地でのキリスト教布教を義務づけ、聖職者の生活費・旅費・教会建設費と維持費を、その国庫から出させている。

東アジアに目を向けよう。マゼラン▲が一五一九年に世界一周の旅に出るよりも早く、一一年にマラッカを攻略したポルトガル人は、その二年後には中国沿岸にやってきた。一五一六年にポルトガルのマラッカ総督アンドラーデは、トメ・ピレス▲を大使として中国に派遣した。明朝との交渉は成功しなかったが、ピレスは広東から南京をへて北京までいった初のポルトガル大使である。

一五二一年にドミニコ会士アルヴァロ・メルグリャンが中国南部に達し、五

▼ガスパール・ダ・クルス(?〜一五七〇)　ポルトガル人ドミニコ会士。宣教団に加わって東インドに向かって旅立ち、一五五六年広東に一カ月滞在した経験を、『中国誌』に記した。リスボンに帰りペストの民衆を救うため奉仕活動中、ペストに感染して死去。

マカオ(**澳門**)

六年には同会のガスパール・ダ・クルス▲がカンボジア経由で広東に到着、一カ月滞在している。クルスがピレスのように投獄・流刑という厳しい処置に遭わなかったのは、一五五四年に明―ポルトガル間で妥協が成立し、それまでの密貿易による関係から、中国の港で税金をはらえば、ポルトガル商船に取引を認める交易関係になっていたからである。

一五五七年、ポルトガルは明から広東にほど近いマカオの居留権をえ、定住の道が開けた。中国から生糸・絹・陶器・樟脳《しょうのう》・明礬《みょうばん》・銅を買い入れ、ポルトガルが代金を銀・胡椒で支払う貿易が栄える。マカオは東アジアに向かうカトリック宣教師にとって、布教の拠点にもなった。

ザビエルがやってきたのが、このころである。このようにイエズス会士の東アジア進出は、ポルトガル商人やカトリック諸教団に比べてずいぶん遅かった。しかし遅れた反面、イエズス会は最高の教育を受けた会員を中国に派遣して、ヨーロッパ文化を紹介することができたのである。

イエズス会の中国接近

ザビエルの死後、数名のイエズス会士が中国にはいろうとしたがはばまれた。一五六三年にマカオで、二人の会士が布教を開始した。一五七八年になって、アフリカ東部を含めアジア全域という広大な管区を統轄する巡察師アレッサンドロ・ヴァリニャーノ▲が、マカオに到着した。彼が日本に向かう前の一〇カ月をマカオで過ごしたとき、はじめてイエズス会の中国派遣事業が動き出した。

ヴァリニャーノは中国布教を成功させるために、大方針を立てた。これまでのアフリカやアメリカでの宣教と違って、中国では現地の文化を尊重し、会士は事前に中国語を学んで知識人、文人層に働きかける。しかもその手がかりとして、ヨーロッパの実践的な科学知識を活用することも決めたのである。

ヴァリニャーノはまずゴア管区長ヴィンセンテ・ルイスに、中国語を学べる者を少なくとも一人マカオに派遣するよう依頼した。ミケーレ・ルッジェーリ▲が一五七九年にマカオに送られてきたとき、中国語学習を命じる置き手紙があり、ヴァリニャーノはすでに日本に向かっていた。

ルッジェーリは中国人絵師に言葉を学ぶ一方で、広東城外で定期的に交易す

▼アレッサンドロ・ヴァリニャーノ（范礼安《はんれいあん》、一五三九～一六〇六）　スペイン支配下のナポリ王国生まれ。一五七三年から巡察師。一五七九年来日（島原）。布教地での教育機関設立、司祭の養成など革新的な布教方針を実施した。マカオで死去。

▼ミケーレ・ルッジェーリ（羅明堅《らめいけん》、一五四三～一六〇八）　イタリア人イエズス会士。一五七八年にリッチらとインド布教をめざしたが、ヴァリニャーノの命令で、中国布教をめざす。一五八九年に中国イエズス会の特使としてリスボンへ帰り、教皇庁に中国大使派遣を要請した。

マテオ・リッチ

るポルトガル船に同乗して役人と接触した。ポルトガル船は夜間の中国停泊は許されず、その都度マカオにもどった。一五八〇年にルッジェーリは気心の知れたマテオ・リッチを道連れに、中国布教に向かいたいとヴァリニャーノに手紙で願い出た。

リッチは一五七八年からゴアで宣教していたが、ゴア管区長の布教方針に賛成できず悩んでいた。コレジヨの恩師アクアヴィヴァが総長になると、リッチはインドの人びとを、自分たちと一緒に勉強させない疑問を訴えた。ゴア管区長によると現地の改宗者を教育すれば、ヨーロッパ人イエズス会士の権威を弱めるという。二十八歳のリッチはそれではインドでキリスト教を広める人材を育てられないし、住民の信頼もえられないと書いた。

その返事のかわりに一五八二年四月に、ヴァリニャーノ総管区長から中国派遣を命じられたリッチは、マラッカ経由でマカオに着く。親しみをこめてミケーレ神父と呼ぶルッジェーリのもとで、リッチは中国語に取り組み、やがて先輩をこえる学力をつけた。

広東総督から一時的に広東上陸を許され、役人に贈物をしてはすぐに船にもどる日々であったルッジェーリに、好機がきた。マカオ司祭とマカオ総督にたいして、広東・広西《カンシー》を管轄する両広総督から出頭命令がきたとき、ポルトガル人はルッジェーリをマカオ司祭代行、商人を総督代行にして、二人に土産物をもたせたのだった。両広総督は満足したが、さらに最近マカオに着いた会士(リッチ)が持参した自鳴鐘(時計)をもってくるよう、ルッジェーリに命じた。

機を逃さず中国入国を勧め、フランチェスコ・パジオ▲を同伴者としてつけたのは、ヴァリニャーノだった。一五八二年十二月十八日、ルッジェーリとパジオは時計やプリズムを土産にマカオを出発、香山《こうざん》、広東をへて二十七日に肇慶《ちょうけい》に到着した。こうしてイエズス会士のはじめての中国滞在が、肇慶東郊外の寺で実現した。しかしその直後に総督は解任され、二人はマカオにもどった。パジオはがっかりして本来の任地日本へ向かった。

リッチの入国

後任総督が肇慶再訪を許可したのは、一五八三年九月のことである。ルッジェーリは今度はリッチとでかけた。二人は前任者の父親の家に滞在を許されて、

▼**フランチェスコ・パジオ**(巴範済《ははんさい》、一五五一〜一六一二)　イタリア人イエズス会士。インドに派遣されたが、ヴァリニャーノの命令でルッジェーリに同行。肇慶から来日後、ふたたび中国へ巡察師として派遣されたが、マカオ到着後に死去。

そこには中国人も来訪した。しかし文人たちはその場でキリスト教をほめても、一歩外に出れば無関心だったという。

けれどもルッジェーリは文人との往来をとらえて、漢文の教理問答《カテキズム》▲『天主聖教実録』の完成をめざし、リッチとともに語学の習得に励んだ。ヴァリニャーノとマカオのコレジヨ院長カブラルはインド管区長に中国増援を要請し、エドワード・デ・サンデとアントワーヌ・ド・アルメイダが一五八四年に派遣されてきた。

リッチは中国にいるイエズス会士は漢名を名乗ることに決め、自ら利瑪竇《りまとう》と名乗った。初期には天竺《てんじく》(インド)の僧を模したこともあったが、儒家でないと中国知識人の信頼と協力をえられないことがわかり、リッチは教皇の許可をえて服装も儒服にした。キリスト教のデウスを中国語で天主と呼び、キリスト教を天主教とすることも決めた(二一頁参照)。

ルッジェーリは南部諸省をめぐったが定住の許可がえられないため、ローマ教皇庁にたいして、明朝への大使派遣を要請することに決めた。とくに当時フィリピン群島にきた強硬派のアロンソ・サンチェスがマカオ・廈門《アモイ》・福州を視

▼教理問答　もとはギリシア語で、口頭で伝えること。のちに、キリスト教を問答形式で解説することを意味し、教理問答書ともいう。

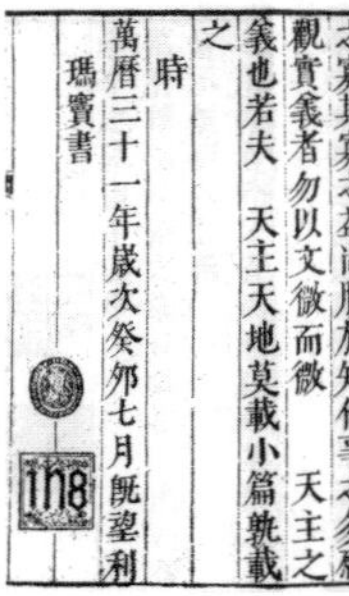
之寡其寡之益尚勝於知他事之多願
覩實義者勿以文徵而微　天主之
義也若夫　天主天地莫載小篇孰載
之
時
萬曆三十一年歲次癸卯七月旣望利
瑪竇書

『天主実義』(影印本)

▼フェリペ二世(一五二七〜九八)　カルロス一世の後を継ぎ、一五五六年からスペイン王。一五八一年にはポルトガル王位も占めた。レパントの海戦でトルコを破ったが、その無敵艦隊は一五八八年にイギリスに敗れた。

▼典礼問題　中国やインドにおけるキリスト教布教にともなう、イエズス会の適応や融合にかんする論争。儀礼論争とも呼ばれる。ドミニコ会やフランシスコ会は一六三〇年代にイエズス会を批判しはじめ、ヨーロッパのカトリック諸国で一世紀にわたる政教論争となった。

察し、中国征服論を唱えたことが、ルッジェーリとリッチの不安をいっそうかきたてた。一五八七年にアコスタがサンチェスに反論してはいたが、もしアメリカ大陸の征服を基準にしたサンチェスの暴論が中国当局の耳にはいれば、イエズス会布教の道は閉ざされる、とヴァリニャーノ総管区長もリッチらも覚悟した。

　ローマ教皇への使者に選ばれたルッジェーリは、一五八八年にマカオを出発、翌年リスボンに到着した。彼はスペイン王フェリペ二世▲にも、教皇への口添えを頼んだ。しかし四名の教皇が一五九〇年から翌年にかけてつぎつぎに死去し、中国への大使派遣は無期延期になった。スペイン王もイギリス艦隊に敗北後、世を去った。ルッジェーリは失望と過労のため故郷サレルノに引退し、一六〇七年に世を去っている。

　リッチは肇慶到着以来中国人の儒学を哲学とみなし、儒教の典礼(儀礼)は社会慣習であるとして、宗教とは区別する立場をとった。キリスト教は儒教と対立しない、と決めたのである。しかし同時にリッチは、中国古代の儒学はキリスト教と一致すると認め、古典に出てくる上帝はキリスト教の天主と同一である、と教理問答『天主実義』に書いた。

中国社会でおこなわれているしきたりを承認したために、イエズス会はのちにヨーロッパで典礼問題▲を引き起こして批判される。他方中国でも、上帝を天主と同じだとみなすのは西夷《せいい》（西からきた外国人）の僭越《せんえつ》である、という非難が十七世紀前半から起こり、南京・福州ほかの諸都市でキリスト教弾圧の動きがみられるようになる。

リッチは一五九四年にカッタネオとともに、北京をめざすが失敗した。一五九六年にはマカオのイエズス会から中国布教長に任命され、布教の全権を与えられた。彼はふたたび南京から首都北京をめざして出発し、途中の山東省で皇帝への土産を奪われる事件に遭ったものの、一六〇一年に北京に入城した。万暦《ばんれき》帝▲は贈られた自鳴鐘、大西洋琴、聖像などが気に入り、時計係としてリッチの北京在住を命じた。またリッチが一五八四年に肇慶で作成を始めた世界地図『坤輿《こんよ》万国全図』は、北京で一六〇二年に漢字表記の木版刷りが完成し、万暦帝はその献上にも満足した。この『坤輿万国全図』は翌年朝鮮王朝に伝えられ、日本の京都にも一六〇五年に伝わった。

▼**万暦帝**（神宗、在位一五七三〜一六二〇）　北虜南倭を押さえたが、治世の後半は鉱山開発や商税で民は苦しみ、後金《こうきん》と呼ばれていた満州族のヌルハチ（清の太祖）に撫順《ぶじゅん》を奪われ、「明の滅ぶは、じつは神宗に滅ぶ」といわれた。

『坤輿万国全図』　中国を世界の中心においた世界地図（小東洋の部分）。

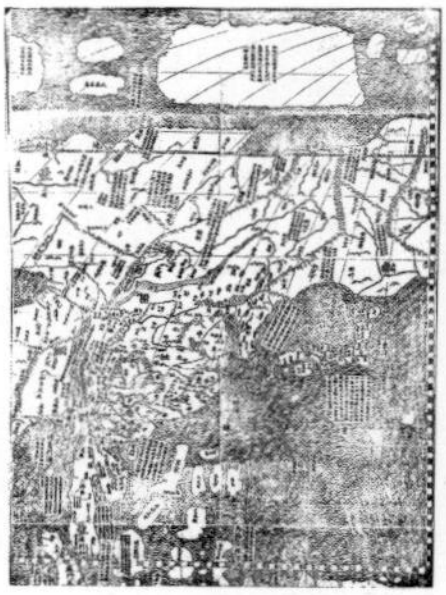

なおここで、ポルトガル人イエズス会士のペント・デ・ゴエス▲が、インドのアグラから陸路三年をかけて一六〇五年に、今の甘粛省にある粛州にたどりついたことにも注目しておきたい。そこで一年半近く待ったあげくゴエスは、リッチが北京から送った使者と劇的な対面をはたした。ゴエスの最大の功績は、マルコ・ポーロ▲以来ヨーロッパでカタイ、キタイと呼ばれてきた国が、ほんとうに中国であることを自分の足で証明したことだった。

リッチの漢文著作

リッチが南部入国から北京入城をはたすまでの一八年間に、交流した知識人▲たちは南部出身者が多く、比較的若い徐光啓《じょこうけい》や李之藻《りしそう》▲を除けば、北京で知られた高官名士たちであった。彼らはリッチが「中華を慕って泰西から九万里を航海」してきた外国人とみなして、その教説である天主教は儒教聖賢の言葉に背かないし、彼の世界知識は仏教や道教よりもしっかりしていると認めて、耶蘇《イエズス》会の活動を容認するようになる。

リッチは『天主実義』をはじめ、ヨーロッパの友情論や道徳論を『交友論』

▼ペント(ベネデット)・デ・ゴエス（鄂本篤《がくほんとく》、一五六二～一六〇七）　イエズス会によりインドに送られたが、イスラーム商人が語るカタイやハンバリクが、はたして中国や大都(北京)を指すのか、というインド副王やゴア大司教の関心に応えて、一六〇三年アグラから中国へ向かった。アクバル大帝から紹介状や路銀の援助もえて、ゴエスは同行者アルメニア人とカブールをへてシルクロードを横断し、長城の西端にある嘉峪関《かよくかん》に達した。甘粛省(明代には陝西省)の粛州で、二〇〇〇キロ以上離れた北京からリッチが派遣した中国人イエズス会士鐘鳴礼《しょうめいれい》(二九頁参照)と対面し、まもなく病死した。

『二十五言』で紹介し、中国高官との対話集『畸人十篇《きじんじっぺん》』などを発表した(巻末のイエズス会士関係著訳書一覧参照)。これらの漢文著作は、馮応京《ふうおうけい》・瞿汝夔《くじょき》ほかの序文をえて、首都北京以外でも重版された。

ただしリッチは中国人の尊敬をえる最良の方法は、ローマ時代にきたえられた自然科学、とくに数理科学だと確信し、科学書の漢訳出版と天文機器の製造に力を入れた。『幾何原本《きかげんぽん》』『測量法義』などの数学書、『渾蓋《こんがい》通憲図説』『乾坤《けんこん》体義』などの天文学書がつぎつぎに出版され、一部は彼の死後にも刊行された。これらはリッチが恩師クラビウスの著作を底本にして、徐光啓・李之藻ほかの協力をえた漢文著作である。のちにリッチの全著作と他のイエズス会士および徐光啓の著作をあわせて二一種が、李之藻によって叢書『天学初函《てんがくしょかん》』にまとめられた。

ザビエルの書簡が日本の姿をヨーロッパにはじめて伝えたように、北京にいるリッチが晩年にイタリア語で書いた『中国キリスト教布教史』は、たんなる中国概説にとどまらず、中国人の宗族《そうぞく》や思考法にも焦点をあてて、克明に中国の社会と人をはじめてヨーロッパ人に知らせた報告書だった。イエズス会士ニ

▼**マルコ・ポーロ**(一二五四～一三二四)　ヴェネツィアの商人。旅行者。一二七一年に上都(ケメンフ)でフビライに会う。元朝からイランに嫁ぐ王女を送って、泉州から船でペルシア湾を経由し一二九五年にイタリアに帰ったとされる。その見聞を物語作家ルスティロが筆記し、『世界の記述(東方見聞録)』が誕生した。

▼**リッチが交流した知識人**　リッチは入国以来、ほとんど独力で瞿汝夔(一五四九～一六一二)・馮応京(一五五一～一六〇六)・沈一貫《しんいっかん》(一五三一～一六一五)・葉向高《しょうこうこう》・曹于汴《そううべん》(一五五八～一六三四)・楊廷筠《ようていいん》(一五五〇頃～一六二七)・徐光啓(一五六〇～一六三三)・李之藻ら南部出身文人と交友を結んだ。

▼**李之藻**(?～一六三〇)　天文・地理に関心が深く、リッチが晩年の一〇年間、科学書を口述。徐光啓とともに、暦局《れききょく》(二六頁参照)を創立。太僕寺少卿(馬政をつかさどる官庁の次官)。

コラ・トリゴー▲が中国からもち帰って、一六一五年にラテン語、一七年フランス語で出版したリッチの報告書は、十七世紀ヨーロッパで一五種の刊本がでるベストセラーになった。それ以来イエズス会士は、中国の情勢をヨーロッパに知らせる膨大な書簡と報告を送りつづける。とくに十八世紀フランスで刊行される『イエズス会士中国書簡集』は、ヨーロッパ人が参照する中国情報の宝庫となり、その影響は十九世紀まで続くのである。

リッチは一六一〇年五月に死去したが、宦官《かんがん》の反対にもかかわらず万暦帝は墓地を与えた。南京以来の知人で大臣を歴任する葉向高▲は、『幾何原本』の出版だけでも墓所に値すると主張し、李之藻が墓を建てた。

中国布教長を継いだニコロ・ロンゴバルディ▲は、儒教儀礼を認める方針でよいか否かをローマ教皇に問うためと、天文学者を確保するためにトリゴーをローマに派遣した。一六一五年にパウルス五世は中国イエズス会の方針を認めたので、トリゴーはアダム・シャールとジャン・テレンツ▲を連れて中国にもどった。イエズス会士はこうして中国で足場をえた。十七世紀に中国にくるヨーロッパ人イエズス会士は二二〇名にのぼる。

▼ニコラ・トリゴー（金尼閣《きんにかく》、一五七七〜一六二八）　イギリスからのカトリック教徒が多数住み着いた北フランスのドゥエー生まれの会士。布教長ロンゴバルディの命で教皇およびイエズス会本部への使者として一六一四年に帰欧。一六二〇年に中国にもどり、布教した。

▼葉向高（一五五九〜一六二七）　福建出身で吏部尚書（人事をつかさどる省庁の長官）や首相を歴任。退官後もイエズス会に好意的だった。

▼ニコロ・ロンゴバルディ（龍華民、一五五九〜一六五四）　リッチ後任の中国布教長。典礼問題については、かならずしもリッチと同じ意見ではなかった。明朝最後の崇禎《すうてい》帝は、「欽奉天学」の扁額を下賜し、北京の天主堂にかけさせた。

▼ジャン・テレンツ（鄧玉函《とうぎょくかん》、一五七六〜一六三〇）　スイス生まれのイエズス会士。天文観測に優れたが、暦局の完成をみずに病死した。

●—マテオ・リッチの墓石　一五八三年に広東省にはいったリッチは、一六〇一年に北京在住を許され、一六一〇年に同地で死去。現在、墓石は墓地とは別の場所に保管されている。

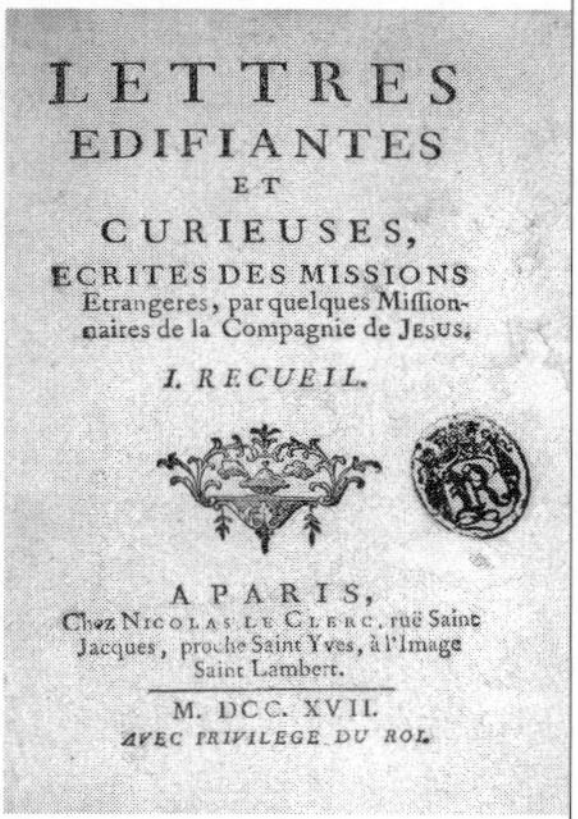

LETTRES
EDIFIANTES
ET
CURIEUSES,
ECRITES DES MISSIONS
Etrangeres, par quelques Missionnaires de la Compagnie de JESUS.
I. RECUEIL.

A PARIS,
Chez NICOLAS LE CLERC, ruë Saint Jacques, proche Saint Yves, à l'Image Saint Lambert.
M. DCC. XVII.
AVEC PRIVILEGE DU ROI.

●—『イエズス会士中国書簡集』の表紙　書簡集は全三四巻あり、一七〇二～七六年に刊行された。

●—アダム・シャール（湯若望《とうじゃくぼう》、一五九一～一六六六）　ドイツ人イエズス会士。天文学に優れ、徐光啓・李之藻とともに西洋暦法による暦局を実現した。清代に欽天監監正《きんてんかんかんせい》（天文台長）として勤務中、楊光先《ようこうせん》事件（三三頁参照）で投獄されたが、事件後名誉回復がなされた。

アストロラーベ

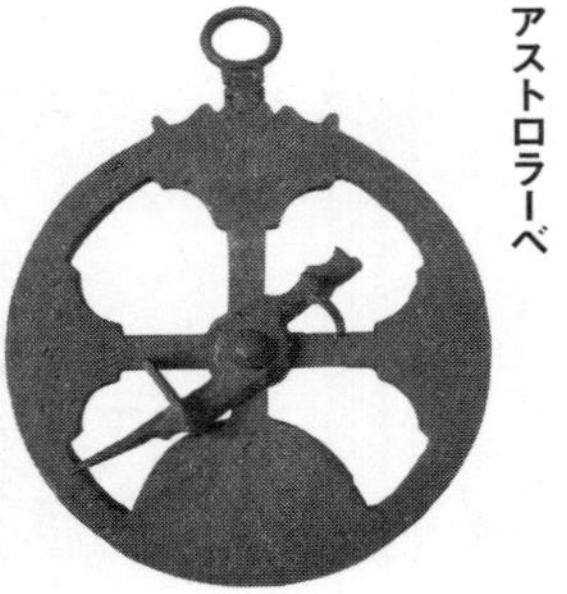

▼サバティーノ・デ・ウルシス(熊《ゆう》三抜《さんばつ》、一五七五～一六二〇)　ナポリ王国生まれのイエズス会士。リッチ死後に起きた南京を中心にした反天主教運動と、万暦帝の宣教師追放令のためにマカオで死去。

▼王徴(?～一六四四?)　徐光啓の推薦により、西洋火器の専門家として山東半島に送られ、登萊僉事《とうらいせんじ》(登州・萊州《らいしゅう》の検察官)を務めた。

②―中国におけるイエズス会士の活躍

イエズス会士の漢訳出版

リッチの死後、イエズス会士のうちで暦法に従事したのは、ウルシス▲、テレンツ、清朝でも活躍するシャールたちであった。イエズス会士は、元の授時暦《じゅじれき》を受け継いだ明の大統暦《だいとうれき》を評価していなかった。彼らは中国人が西法と呼ぶヨーロッパの暦法を使おうとした。

明朝がアジア世界で指導的地位を保つには、正確な暦と日月食の予報が必要だった。すでに万暦年間の末から、改暦の意見はでていた。一六二九年、欽天《きんてん》監《かん》(天文台)では従来どおり大統暦と回暦(イスラーム暦)にもとづき日食を予報したが、的中しなかった。それにたいして徐光啓《じょこうけい》が西法で計算した北京や各地での日食は、みな的中した。シャールの月食予報も、正確だった。

崇禎帝《すうていてい》は国家大典の暦法に西法の導入を決め、一六二九年秋に暦局《れききょく》を設立した。これは画期的なことだった。長い歴史をもつ中国天文学で、はじめてヨーロッパ天文学を採り入れたのである。徐光啓・李之藻《りしそう》らとシャールらの協力によって、一六三四年に完成したのが『崇禎暦書《すうていれきしょ》』である。この大著は明清交代期には『西洋新法暦書』、さらに清代には『時憲暦《じけんれき》』と名称が変わった。その後の清朝における天文学は、『崇禎暦書』のレベルをこえなかったといわれる。

ウルシスはアストロラーベを天文学に活用し、緯度や太陽高度から時間をはかる簡平儀《かんへいぎ》を作成した。彼はさらにヨーロッパの水利技術を集約した『泰西水《たいせいすい》法』を書き、テレンツは王徴《おうちょう》▲の協力で、ヨーロッパの工作機械を絵入りで紹介した『遠西奇器図説録最《えんせいききずせつろくさい》』を刊行した。

暦局の官吏として朝廷に仕えるのでなく、生涯在野でキリスト教布教に努めたイエズス会士もいた。ジュリオ・アレーニ▲は明末の山西や浙江《せっこう》で宣教したのち、福建省を拠点として活動し、中国知識人の協力を受け二六種もの漢文著作を残している。彼の『職方外紀』は、リッチの『坤輿《こんよ》万国全図』にたいして世界地理を大増補したもので、五大州の風土・民俗・気候とその海路を紹介した。葉向高・李之藻・楊廷筠▲らの高官が、序文を寄せている。

またイエズス会学事規程(一五九九年)にもとづいて、アレーニがイエズス会の教育内容を紹介した『西学凡《せいがくはん》』は、李之藻・何喬遠《かきょうえん》らの注目を集めた。当時

▼ジュリオ・アレーニ(艾儒略《がいじゅりゃく》、一五八二〜一六四九)　イタリア人イエズス会士。徐光啓・李之藻・楊廷筠《ようていいん》・韓霖・瞿汝夔《くじょき》親子・葉向高《しょうこうこう》らの文人と交流し、山西・浙江・福建で教会や出版をふやした。

▼楊廷筠(一五五七〜一六二七)　杭州の李之藻宅でカッタネオ、トリゴーの影響を受け、アレーニを援助。副都御史(監察・裁判などをつかさどる都察院の副長官)。

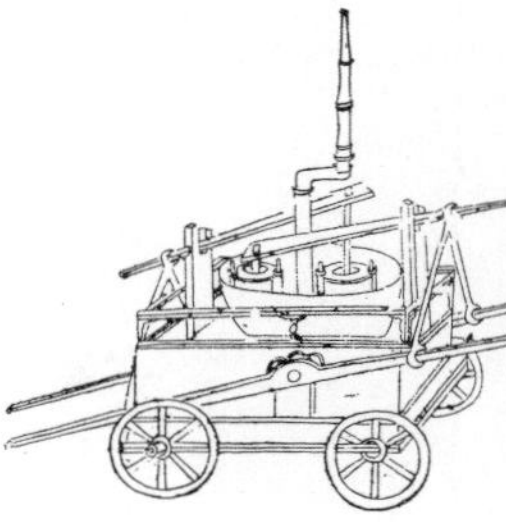

『遠西奇器図説録最』の水銃

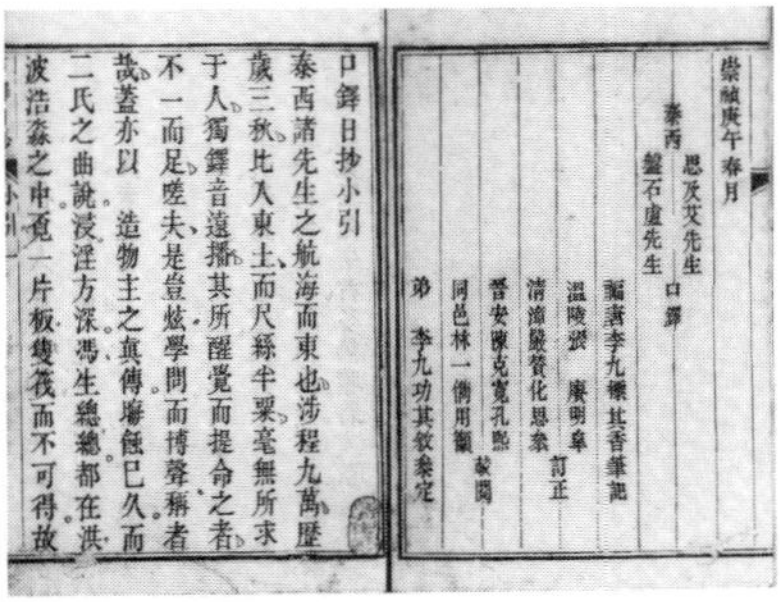
崇禎庚午春月
泰西　思及艾先生
盤石盧先生　口鐸
編書李九標其香筆記
温陵張賡明皐　訂正
清漳嚴贊化思參
晉安陳克寛孔熙　較閲
同邑林一儁用籲
弟　李九功其敘參定

口鐸日抄小引
泰西諸先生之航海而東也涉程九萬歴歳三秋比入東土而尺絲半粟毫無所求于人獨鐸音遠播其所醒覺而提命之者不一而足嗟夫是豈炫學問而博聲稱者哉蓋亦以　造物主之眞傳庽餽已久而二氏之曲說浸淫方深馮生總總都在洪波浩淼之中覓一片板隻筏而不可得故

『口鐸日抄』
▼**沈漼**(?～一六二四)　南京には北京より規模は小さいが、同じ官制があった。南京礼部の次官。北京では礼部尚書の方従哲らが、沈漼の反天主教活動を後援した。
中国語名が存在しない科目は、例えば論理学を落日加《ロジカ》、自然学を費日加《フィジカ》、形而上学を黙達費西加《メタフィジカ》、神学を陡禄日亜《テオロジア》と音訳する苦心の翻訳だった。

アレーニ自身は数学者であった。彼の『幾何用法』は、リッチの『幾何原本』よりも実用を優先し、中国人にわかりやすかったといわれる。アレーニはヨーロッパの風土や人情を解説し、『西方答問』でヨーロッパのカトリック諸国をキリスト教におさめられた平和な繁栄国家として紹介した。アレーニが理想化したヨーロッパ像は、南部地方の中国知識人にも影響を与えた。

中国語に習熟したアレーニは葉向高、曹于汴《そううべん》と鼎談《ていだん》して、キリスト教への疑問に答えた『三山論学記《さんざんろんがくき》』を刊行したり、福建地方の一〇〇名以上の知識人と一〇年間交流し、対話ルポルタージュ『口鐸日抄《こうたくにっしょう》』を残した。

もっとも明末のイエズス会はいつも順調であったのではなく、一六一六年に南京礼部侍郎《れいぶじろう》の沈漼《しんかく》▲は、天主教は風俗を乱し、大統暦の伝統に背くと攻撃した。南部各地に広がった天主教を、儒教に背く「無父無君」の邪教であるとみなして、宣教師の中国滞在を敵視する中央の役人は皇帝に訴えた。リッチ以来イエズス会士の中国滞在を黙認していた万暦《ばんれき》帝も、宣教師追放令を出した。福建巡撫の鄒維璉《すういれん》▲やその部下たちによって、ヴァニョーニ▲やセメードは投獄され、一六一七年にマカオに追放された。中国人イエズス会士鐘鳴礼《しょうめいれい》▲は投獄のうえ、船の曳航を三年間科せられて身障者になっている。一六二二年の天主教禁止のさいには、宣教師たちに李之藻や徐光啓が避難所を提供した。

一六三八年に泉州周辺の教会が接収され、またもやイエズス会士のマカオ追放が命じられた。地方役人から艾夷《がいい》と名指しされていたアレーニは逮捕を逃れたが、中国人信者たちは投獄や罰金に処せられた。他方では、同じ泉州の水陸寺にあった古い石に彫られた十字架▲が発見されて、住民が見物に押し寄せた。明朝が滅ぶとアレーニは戦乱を避けて福建省延平《えんぺい》に行き、物資の不自由な山岳地方で亡くなった。

イエズス会士が中国知識人と協力して一五九〇年代から漢文で出版した著作は、キリスト教、教理問答《カテキズム》、ヨーロッパ紹介、天文学、光学、暦学、地理、地図、数学、測量学、軍事学、力学、医学、薬学、論理学、教育学など多方面にわたっていた。多くの中国知識人が、漢訳出版を手伝った。一口に漢訳西書といってもその内容はイエズス会士の作品の翻訳、ヨーロッパ科学書や道徳論の

▼鄒維璉（?〜一六三五）　福建巡撫（省の長官）。『闢邪管見録《へきじゃかんけんろく》』を書き、天主教を非難した。

▼アルフォンソ・ヴァニョーニ（王豊肅、一五六六〜一六四〇）　イタリア人イエズス会士。マカオ追放をへて中国再入国後は、高一志と名乗る。

▼鐘鳴礼（ジョヴァンニ・フェルナンデス、一五八一〜?）　広東《カントン》生まれの中国人イエズス会士。入会前の一六〇七年に、リッチの命でゴエスを粛州に出迎える殊勲をたてた。しかし一六一六年南京で天主教迫害にあったのち、二一年には会を離れた。

▼十字架　十四世紀初頭に教皇クレメンス五世の支援を受けて、フランシスコ会が泉州に宣教師を派遣していた。泉州は当時ザイトンと呼ばれた国際港であった。古石に彫られた十字架は、フランシスコ会宣教師の遺品といわれる。

抄訳、宣教師と中国知識人の対話、イエズス会と接触した中国人の単著など多様であった。まとめてイエズス会士関係著訳書と呼ばれることが多い（巻末の著訳書一覧参照）。

明から清へ――過渡期の天主教

リッチの死後二〇年をへて明朝は衰退に向かい、一六三六年満州族の後金《こうきん》は勢力を強めて、国号を清とした。イエズス会士にたいする明朝の期待も、天文官にとどまらず軍事技術者としての要素が強まった。一六三〇年に満州族が喜《き》峯口《ほうこう》（三三頁図参照）から侵入して北京に迫ったとき、ロドリゲス▲はマカオからポルトガル狙撃兵二〇〇名を銃砲とともに上京させる申し出をおこなっている。ロンゴバルディとディアスは兵部に呼び出された。シャールは明朝防衛のため『火攻挈要《かこうけいよう》』を書いたが、こうした協力も明軍を支える力にはならなかった。

一六四四年四月の明朝皇帝の自殺、わずか一カ月間の李自成《りじせい》政権、同年六月清朝による北京占領後、清軍が長江以南に達するまで一年以上かかった。反清運動の精神的支柱であった史可法《しかほう》が殺害されたあとも、福王・唐王・魯王《ろおう》・桂《けい》

▼ジョアン・ロドリゲス（陸若漢、一五五九?〜一六三三）　十代で来日し、日本でイエズス会に入会したポルトガル人。豊臣秀吉と徳川家康の通訳を務めた。一六一二年に中国へ。山東省救援に失敗し、マカオにもどった。『日本大文典』（一六〇八年）や『日本教会史』（未刊）を残した。

▼桂王（一六二三〜六二）　朱由榔。永明王と呼ばれた明朝の遺王。万暦帝の孫。一六四六年に広東で永暦帝を名乗った。

▼鄭成功（一六二四〜六二）　長崎県平戸生まれ。明の遺王を助け、国姓爺と呼ばれる。父鄭芝龍《ていしりゅう》の降清後も日本・琉球・台湾・ベトナムと貿易し、反清活動。台湾に行き、オランダのコイエットを降伏させた。

王《おう》▲らの明朝遺王を奉じる勢力は、鄭成功《ていせいこう》▲をはじめ南部各地で決起した。福王を奉じて敗れ、日本へ亡命した朱舜水《しゅしゅんすい》▲は、徳川光圀《とくがわみつくに》▲に厚遇されている。

遺王の一人で一六四六年に永暦政権を建てた桂王は、イエズス会士ボイム▲をローマ教皇庁に派遣した。永暦政権そのものが十余年で清軍に鎮圧され、桂王はビルマに逃れた。ボイムはローマまで苦労して往復したが、広西《カンシー》にたどり着くと疲労死した。第三代順治《じゅんち》帝（世祖、一六三八〜六一、在位一六四四〜六一）は一六四八年に浙江・福建の清軍にたいして、反満武装勢力への攻撃を慎重にするよう何度も命じた。

明末清初に続いた大戦乱は、中国人に天主教への関心を広げる働きをした。イエズス会の出版に協力するだけでなく、自分の言葉で天主教を論じ、南部諸省で著作を出すグループがあらわれた。儒教は死後の世界や霊魂の行方を語らないという不満や、儒者を自任しながら避難民を見捨てて保身だけをはかる役人への反感が高まり、一部の若い地方文人は外来の教えに注目した。

唐代にネストリウス派（景教）が伝来したことを記した大秦景教流行碑▲が、一六二三年に西安で発見されたのに続いて、さきにも述べたように三八年には泉

▼朱舜水（一六〇〇〜八二）　本名は朱之瑜《しゅしゅ》。明の遺臣。一六五九年長崎に亡命、水戸藩主徳川光圀に招聘《しょうへい》された。

▼徳川光圀（一六二八〜一七〇〇）　第二代水戸藩主。多数の学者を招聘し、『大日本史』を編纂。黄門で知られる。

▼ミハエル・ボイム（卜彌格《ぼくびかく》、一六一二〜五九）　ポーランド人イエズス会士。明の遺王（桂王）の使者としてローマ教皇庁へ送られたが、使者かどうかも疑われた。アレクサンデル七世の返書をもらったが、中国に帰着前に永暦政権は壊滅した。

▼大秦景教流行碑　五世紀にローマ教会で異端とされたネストリウス派は、ペルシアからシルクロードを通って七世紀に唐に伝わり景教と呼ばれた。大秦はローマ帝国。七八一年に長安の大秦寺に建立された碑は、現在西安の碑林にある。

州で十四世紀の十字架も発掘された。これらの遺跡は、古代の異端ネストリウス派や中世のフランシスコ会が遺したものであり、本来イエズス会とは無関係であった。しかし古来キリスト教が中国にきていた証拠として反響を呼び、イエズス会に有利なニュースとなった。

　親天主教の南部グループは、政治情勢が混沌とするなかで満人政権をはじめから認めた。グループが発展をとげるのは、この直後である。浙江・福建両省と江蘇・江西の一部を管轄した半漢半満人の佟国器《とうこくき》▲が天主教に好意を示し、一六五五年に福州に天主堂を建てその碑記を書いた（五九頁の建福州天主堂碑記を参照）。福建省の高官全員が、碑に記名した。佟国器らの保護により、イエズス会士は長江以南の各地で教会を建て、布教パンフレットを多数刊行することができた。移動にさいして、会士が護身用ピストルと通行証を与えられた例もあった。

　首都にいるイエズス会士の情況は、どのようであったか。中国では新王朝のもとに前朝の官吏が仕えた場合、二朝に仕える弐臣《にしん》とみなされる。伝統的に卑しまれることだったが、明朝に仕えたイエズス会士は清朝でも元どおり、北京

明代の北辺

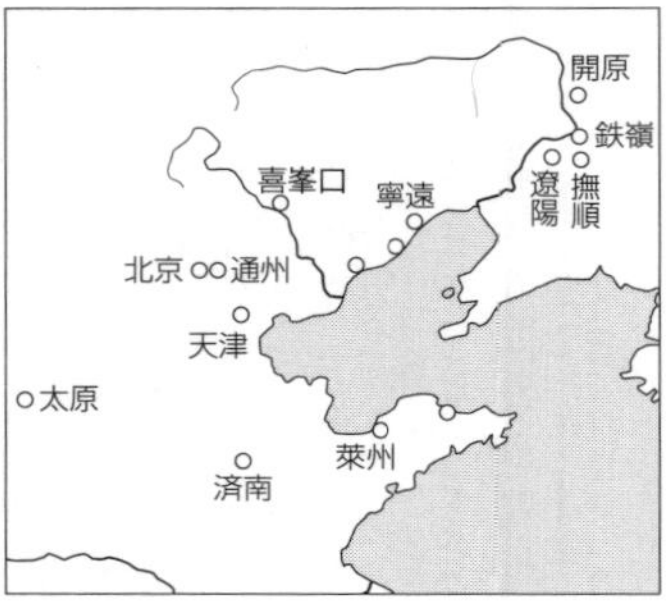

▼佟国器（?～一六八四頃）　浙江巡撫。満州佟佳江の佟一族出身。早くから漢人と接した満州部族で、佟国器の父は明の科挙に合格した。康《こう》熙《き》帝の母（孝恵妃）は、佟氏であった。

▼ドルゴン（多爾袞《ドルゴン》、一六一二～五〇）　ヌルハチの息子。六歳の順治帝を擁立し、摂政王と呼ばれた。

▼李祖白（?～一六六五）　西洋歴法を支持した天文官。楊光先《ようこうせん》事件で処刑された。

▼許之漸　一六五五年に進士(科挙の最高段階である殿試の合格者)となる。都御史。母親は徐光啓の孫娘で、イエズス会士にカンディダ・徐《シュー》(左図)と呼ばれた。

▼康熙帝(聖祖、一六五四～一七二二、在位一六六二～一七二二)　中国全土を統一し、増税せずに、清朝の漕運や軍事支配を確立した。

の暦局で働くことができた。摂政王《せっしょうおう》ドルゴン▲はシャールに西洋暦法を要請し、順治帝はシャールを欽天監監正《きんてんかんかんせい》に任命して宣武門内の教堂に住まわせた。順治時代の清朝は、漢人懐柔のために明代の文官をも優遇したから、文人たちは日常的に暦局や教会を訪れその家族も交歓に加わって、西洋館は文化センターのような活気を呈した。

活動を保証されたイエズス会士たちは、リッチ以来の方針である天主教と古代儒学の一致を拡大して、四書五経《ししょごきょう》にある文章が上帝と天主の一致を示すとか、古代の中国人が天主教を受け入れた証拠がある、などと説きはじめた。南部グループにも属していた天文官李祖白《りそはく》▲は、イエズス会士が古典と天主教の一致を説いた『天学伝概』を刊行するときに、自分の名前を著者として貸し与え、高官許之漸《きょしぜん》▲が序文を書いた。

楊光先事件

しかしつぎの康熙《こうき》帝▲がわずか八歳で即位すると、反西学・反天主教の楊光先事件(一六六四～六九年)が起こった。その発端は西洋暦法の採用に反対し、大統暦の復活を主張する楊光先《ようこうせん》▲らが起こした観測技術上の争いだった。楊光先はシャールが春分秋分や一日の時刻の決め方を、一方的に西洋新法に変えたうえに康熙三年の暦をまちがえている、しかも永遠に続く清朝にたいして暦を二〇〇年分しかつくらなかった、と攻撃した。

同時に楊光先は『天学伝概』をやり玉にあげ、天主教は清朝を滅ぼす邪教であり、天主教を支持する中国人は、「反清」の邪臣であると政府に訴えた。「大清の犬馬」を自称した楊光先は、長年繰り返しキリスト教を非難しており、十字架に架けられた罪人であるイエスが全知全能の創造主や上帝になれるはずがない、と攻撃パンフレットを出していた。

欽天監には暦法だけでなく、皇族埋葬の日取りや墓地の方位を決める仕事があった。楊光先は順治帝の第四子（栄親王）が夭折《ようせつ》したときの埋葬法が適切でなかったために、順治帝と皇后までが早世したと告発した。

シャールの西洋暦法が誤っていて大統暦法が正しいという主張と、皇族埋葬で過ちを犯したという楊の訴えが、清朝の保守勢力を動かした。一六六四年にシャール、フェルビースト▲、マガリャンイス、ブーリオら四名のイエズス会士

▼楊光先（一五九八〜一六六九）　明の軍人世襲職に生まれ、清初には北京でブローカーをしていたといわれる。楊光先事件を起こしヨーロッパ天文学に完敗したが、イエズス会の中国布教を清朝が禁止するきっかけをつくった。

▼フェルディナン・フェルビースト（南懐仁、一六二三〜八八）　ベルギー生まれ。康熙帝の信任が厚く、工部侍郎（営造工作をつかさどる省庁の次官）に昇進した。イエズス会が会員に禁じた俗世での栄誉職就任が、会の内部で問題になった。

が投獄され、西法を支持する宋可成《そうかせい》（春官）、李祖白（夏官）、宋発《そうはつ》（秋官）、朱光《しゅこう》顕《けん》（冬官）、劉有泰《りゅうゆうたい》（中官）ら五名の中国人天文官は、翌年処刑された。シャールの養子潘進孝《はんしんこう》や数名の天文官が失職または降格した。『天学伝概』のなかに、親天主教の文人として名前があがった佟国器、許纘曾《きょさんそう》は、序を書いた許之漸とともに朝廷に出頭を命じられた。イエズス会士らは一六六五年に釈放されたが、老齢のシャールは翌年病死した。

三人の名士は、逮捕されることはなかった。しかし許之漸以外の元高官は喚問状を受け取る前から天主教擁護をやめてしまった。南部出身の文官弐臣 龔《きょう》鼎孳《ていじ》らも順治年間のように北京の天文台や教会を訪れて、イエズス会士と詩文を贈答することはなくなった。

一六六五（康熙四）年に清朝は楊光先を欽天監監正に任命し、イスラーム暦法の呉明炫《ごめいげん》と協力して康熙八年の暦を作成するよう命じたが、楊は天文学を知らず失敗に終わった。逆にフェルビーストは呉明炫の七政暦《しちせいれき》が閏《うるう》の月を誤記し、春分秋分を年二度も繰り返す誤りを犯している、と康熙七年末に指摘した。

一六六九年二月の公開観測によって西洋暦法の正しさが明らかになり、楊光

▼**オボイ**（オーバイ、鼇拝《ごうはい》、？〜一六六九）　輔政《ほせい》（幼帝を補佐する）四大臣のひとり。成長した康熙帝に、専横をとがめられ、逮捕された。

先は失脚した。それだけでなく楊は康熙帝親政前の権臣オボイ▲に頼って、イエズス会士を誣告《ぶこく》した罪に問われた。康熙帝は故シャールに三品の官位と祭文を追贈し、名誉を回復した。またフェルビーストらに向かって、墓地の選択や吉凶は今後、天文台で働く宣教師の仕事に含めないと明言した。すでに処刑された中国人天文官や天主教擁護のかどで喚問された高官や文人たちも、名誉回復がなされた。ただし康熙帝はイエズス会にたいし、キリスト教徒の集会やミサを開くことを禁止した。

イエズス会本部への報告でフェルビーストは、公開観測に列席した清朝皇族・高官のなかに暦を数学的に判定できる専門家がいなかったため、立証に苦心したと書いている。楊光先事件後、欽天監監正にはフェルビーストが任命された。また清朝では一八三七年にいたるまで、ヨーロッパ人宣教師が歴代の天文台長官に任命された。

清朝が西洋暦法を認めるとフェルビーストらは、康熙帝の御覧にいれるという副題をつけて『西方要紀』を出した。その内容はアレーニの『西方答問』を簡略にしたパンフレットにすぎないが、ヨーロッパは天主教を奉じる国王のも

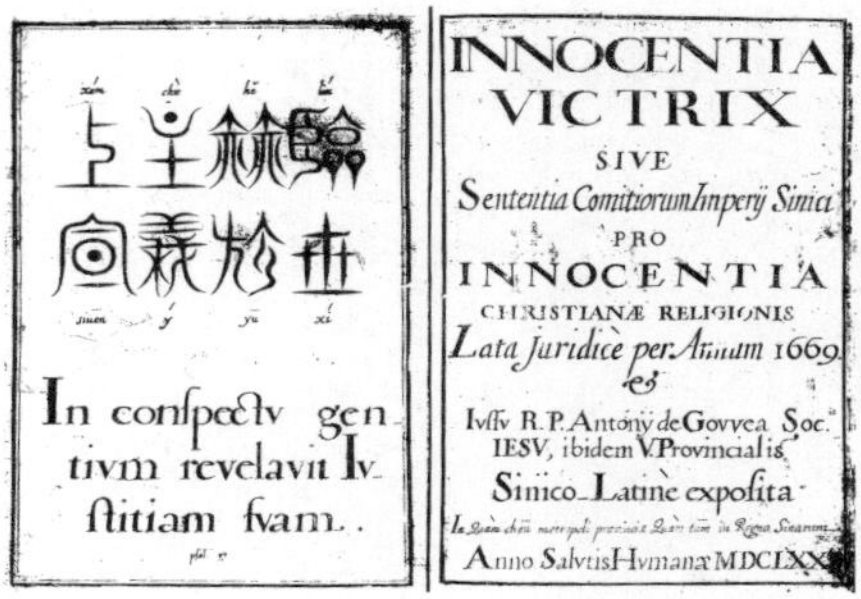
In conspectu gentium revelavit Iustitiam suam.

INNOCENTIA VICTRIX SIVE Sententia Comitiorum Imperij Sinici PRO INNOCENTIA CHRISTIANÆ RELIGIONIS Lata juridicè per Annum 1669 & Iussu R.P. Antonij de Gouvea Soc. IESU, ibidem V. Provincialis Sinico_Latinè exposita Anno Salutis Humanæ MDCLXXI

『無実の勝利』扉見返し（一六七一年）

とで民が豊かな暮らしを享受している、とキリスト教国の理想像を清朝にアピールするのがねらいだった。会士グヴェアは広東《カントン》で『無実の勝利』を著し、楊光先事件における西洋暦法の勝利を謳った。題名をラテン語で印刷し、本文ではラテン語と中国語を逐語的に併用した木版であった。

しかし楊光先事件の結果、清朝が勅命で天主教活動を禁止した影響は大きかった。清朝は親天主教の文人を楊光先が公然と、「反清の邪臣」つまり清朝に謀反を起こした臣下と罵《ののし》ったことをまったく咎めなかった。楊が朝廷から罪に問われ追放されたのは、正確に観測したイエズス会士や中国人天文官を誣告したからであった。

遡って明代には反天主教活動があっても、宣教師や信徒を迫害するのは地方自治体の役人にとどまった。知識人はたとえ非難されても、逮捕されることはめったになかった。しかし満人統治下では反清の邪臣と名づければ、イエズス会士と交流する高官を国家反逆罪で告発できることを、この事件はみせつけた。

会士にたいしても清朝は、キリスト教を中国人に説くことを禁止したため、布教書や聖像を自由に配布できなくなった。イエズス会は自然科学の分野を除いて、中国知識人から漢訳出版の協力を受けにくくなった。そのために、明代に民間で大量に出たイエズス会士の漢文著訳書は、十七世紀後期から激減する。

康熙帝とヨーロッパ諸国

一六八五年に数学者である六名のフランス人イエズス会士が、国王ルイ十四世の費用で中国へ派遣された。彼らは難航やポルトガル領マカオでの妨害にあったが、一人がタイで下船したほかは中国商人王華士の船で、一六八七年に寧波《ニンポー》にきた。浙江巡撫金鋐《きんこう》の問い合わせにたいして清朝は暦法のために上陸を許し、翌年には康熙帝が接見した。欽天監監正ペレイラが仲介をした。帝は一行のヴィドルー▲とブーヴェ▲に、故フェルビーストの代役をさせることにした。またル・コント▲は、一六八九年に彗星を観測した。

ブーヴェとジェルビヨン▲は満州語がうまくなり、康熙帝の側近となった。二人は幾何学を康熙帝に解説し数学書の満州語テキストをつくったほか、解剖学の翻訳も始めた。ブーヴェが一六九三年帰仏するさいに、康熙帝はルイ十四世へ漢籍四九冊を贈った。一六九九年に一〇名の神父を連れて中国にもどったブ

▼クロード・ド・ヴィドルー(劉応、一六五六〜一七三七)　典礼問題で教皇特使が訪中したさい、中国儀礼に反対する意見を述べたイエズス会士。中国イエズス会を離れ一七〇九年にインドへ行き、永住した。

▼ジョアシャン・ブーヴェ(白晋、一六五〇〜一七三〇)　康熙帝の使者として、フランスへ往復した。ライプニッツと交信があった。

▼ルイ・ル・コント(李明、一六五五〜一七二八)　天体観測に優れた会士。パリで刊行した『中国現状新誌』(一六九六年)は、ヨーロッパで広く読まれた。

▼ジャン＝フランソワ・ジェルビヨン(張誠、一六五四〜一七〇七)　ネルチンスク条約における清朝代表の一人ソエト(索額図、?〜一七〇三?)は、彼の尽力をねぎらいイエズス会の後援者となった。

ーヴェが、康熙帝へ土産として携えてきたのは、美しく装丁された版画集であった。

康熙帝はイエズス会士を天文官として重用したほか、武器製造も担当させた。一六七〇年代に三藩の乱▲を起こした呉三桂らに山岳地方でも対抗できるよう、清朝はフェルビーストに口径の異なる軽便な大砲三二〇基の鋳造を命じた。一年以上かかった「神威大砲」の完成後、帝はフェルビーストを工部侍郎(営造工作をつかさどる省庁の次官)に任じた(三四頁参照)。一六七五年から二〇年間に、イエズス会士は九三〇基の大砲を製造した。

清朝とロシアとの領土交渉では、イエズス会士ジェルビヨン、ペレイラの働きによってネルチンスク条約(一六八九年)が清朝に有利に締結されたため、康熙帝はキリスト教の教会建設を許可し、九二年にイエズス会を公認した。この年から一七一五年に教皇クレメンス十一世が祖先崇拝を禁止するまで、イエズス会士は中国で大きな迫害を受けなかった。

ネルチンスク条約成立の年にジェルビヨンは康熙帝にアジア地図を進呈し、東北地方の地理が乏しいと説明した。帝は全国地図の作成を決意し、北京周辺

▼三藩の乱　一六七三〜八一年。呉三桂(平西王)・尚可喜(平南王)・耿精忠(靖南王)が清朝から撤藩を求められて起こした叛乱。三人は明の残存勢力を撃退した清初の功臣として、雲南・両広・福建などの中国南部を半独立的に支配し、とくに呉三桂は鉱山開発や辺境貿易で勢力があった。しかし明の遺王(桂王)をとらえて清に差し出した経歴や、内戦による疲弊のため民衆の支持をえられず、康熙帝に鎮圧された。

の試測後一七〇八年にブーヴェ、レジス▲、ジャルトゥ▲らに長城を起点とする全国の測量製図を命じた。病気で退いたブーヴェ以外のイエズス会士は遼東《りょうとう》から測量を始め、黒竜江から山東・陝西・江南へと拡大した。ドマイヤ▲らの応援が加わり、台湾・雲南・貴州の測量が終わった。チベット測量には現地の僧が参加した。宣教師が北京に帰った一七一七年の翌年『皇輿《こうよ》全覧図』が完成した。

一六九八年にブーヴェに連れられて入華したパルナン▲は、先輩のジェルビヨンやブーヴェが康熙帝に幾何学・医学・植物学を伝授した後を継いで、二〇年間以上も解説役となる。満州語を習得したパルナンは、仏科学アカデミーの記事にある幾何学・天文学・解剖学の新情報を満州語に翻訳して帝に伝え、ヨーロッパの国際関係や世界情況をも説明した。イエズス会士は、清朝を訪れるヨーロッパの政府特使や派遣使節にとって、通訳であり仲介者だった。一六七八年ポルトガル特使ベント・ペレイラは中国沿岸での通商を希望し、フェルビーストの仲介で康熙帝にアフリカライオンを献上した。

ネルチンスク条約後も中国との国境線を協議する必要があったロシアは、一七二六年に九回目の使節を雍正《ようせい》帝▲に送ったが、その接待にあたる清朝の大臣ら

▼ジャン＝バプティスト・レジス（雷孝思、一六六三〜一七三八）　完成した『皇輿全覧図』の写本を、レジスはパリのイエズス会士デュアルド（七七頁参照）に送った。

▼ピエール・ジャルトゥ（杜徳美、一六六八〜一七二〇）　ブーヴェ、レジスらと地図製作を担当した。

▼ジョゼフ＝フランソワ＝マリー＝アーヌ・ド・モーリアック・ドマイヤ（馮秉正《ふうへいせい》、一六六九〜一七四八）　一七一〇年代に地図製作に加わる。

▼ドミニク・パルナン（巴多明、一六六五〜一七四一）　二〇年間あまり康熙帝の巡幸に随行した。雍正時代にはロシアとの外交に従事する満人のために、ラテン語学校を開いた。

▼雍正帝（世宗、一六七八〜一七三五、在位一七二三〜三五）　康熙帝の第四子。軍事の機密をつかさどる軍機処を設けた。

▼ピョートル大帝（ピョートル一世、在位一六八二〜一七二五）　即位前に変名で、ヨーロッパ諸国の軍事・造船を視察した。

▼ジョゼフ＝アンリ＝マリー・ド・プレマール（馬若瑟《ましゃくしつ》、一六六六〜一七三五）　中国典礼の禁止命令に従わなかったという理由で、教皇庁から一七二七年に召還されたが、北京に永住した。多数の中国書を、フランス王立図書館に送った。

はイエズス会士から予備知識をえた。中露平和条約の草稿を書いたのはパルナンだった。条約は一七二八年にピョートル二世によって、批准された。その交渉中にピョートル大帝は、ロシア大使に託してイエズス会士に毛皮などを贈って外交努力をねぎらったが、ロシア領経由での旅や文通は許可しなかった。

数理科学の師としてイエズス会士を重用した康熙帝であったが、治世の晩年に教皇クレメンス十一世が中国人信者の祖先崇拝を禁止したため、一七一七年に宣教師追放令を出した。清朝は許可証をえていない宣教師をマカオに帰らせ、中国人のキリスト教入教を禁止した。各地のイエズス会士は監視され中国人は教会に出入りしなくなり、教会は社会からへだたった存在になった。しかし許可証をもった北京のイエズス会士は、従来どおり朝廷勤務を続けることができたし、康熙晩年にはキリスト教の教理問答書を刊行することができた。

雍正・乾隆時代のイエズス会士

雍正帝は康熙帝の禁教令を厳格に執行した。一七二四年に満州語のできるドマイヤ、プレマールらが寛大な措置を願い出ると帝は、もし朕《ちん》が仏僧かチベットの僧を汝《なんじ》らの国に派遣して宣教したら汝らはなんというだろうか、汝らの宗旨は中国人をみな天主教に入教させることだ、そうなったらわれわれはどのような人間になるだろうか、有事には中国の天主教徒は汝らの命令を聞くだろう、多数のヨーロッパ船がわが海岸にくれば必ず擾乱《じょうらん》が起きるだろう、と答えた。明代に利瑪竇《りまとう》がきたときは、人数も少なく教会も各省にはなかったが、父康熙帝の時代にイエズス会がキリスト教を広めたことにたいし、雍正帝は警戒を強めたのだ。「父をだましたように朕をだませると思うな」といったのは、このときだった。

　雍正帝は自分と帝位を争った胤禟《いんとう》▲が、イエズス会士モラン▲と交際していたため、天主教をきらっていた。帝は胤禩《いんし》▲の保護者で親天主教だった蘇努《スヌ》▲一族を、西寧《せいねい》に流謫《るたく》した。皇帝は欽天監に務める宣教師二十余人を北京に残し、各地の五十余人を広州の天主堂に追いやった。北京・湖北・四川・山東・山西・福建で天主教弾圧がおこなわれた。一七三二年には両広総督の要請で、広州の宣教師はマカオに移された。

　しかし雍正帝は同時に、清朝が正確な暦を頒布するためには、イエズス会士

▼**胤禟**（一六八三～一七二六）　康熙帝の第九皇子。雍正帝の皇位継承時にライバルとみなされて、西寧（当時は甘粛省属、現在は青海省に属す）に追放され獄死した。

▼**ジョアン・モラン**（穆敬遠《ぼくけいえん》、一六八一～一七二六）　ポルトガル生まれ。天主教に好意的だった胤禟との陰謀を疑われて、西寧に流され絞殺あるいは毒殺された。

▼**胤禩**（一六八一～一七二六）　康熙帝の第八皇子。廉親王。雍正帝のライバルとみなされ、阿其那（犬）と呼ばれたうえに殺された。

▼**蘇努**（一六四八頃～一七二五）　ヌルハチの子孫で、雍正帝のいとこ。胤禩・胤禟の後援者とみなされ、一族とともに西寧に追放された。

の中国滞在が必要なことも知っていた。帝はケーグラー▲を欽天監監正に、ペレイラを副監正に任命して天文台を管理させた。ケーグラーは礼部侍郎に昇進している。パルナンが後継者難の心配について上奏すると、雍正帝はシャルムらイエズス会士の入国を認めた。会士による地図作成は雍正時代も受け継がれ、一七二八年に『皇輿図』が印刷された。

乾隆帝《けんりゅう》▲は父帝のようにキリスト教への嫌悪感をもっていなかったが、祖父康熙帝が決定した禁止令を守った。乾隆期の大規模な天主教迫害は、一七四六年にドミニコ会の地下宣教が福建で摘発されたのがきっかけだった。福建巡撫が皇帝に厳罰を要請し、全国に広がった。二回目の締め付けは、一七五七年に清朝が貿易港を広州一港に制限し、十三行《こう》による公行《コホン》貿易▲にしたことだった。

ヨーロッパ商人は中国に上陸できず、船の周囲で商売するか、十三行を訪ねるしか方法がなかった。広州港は管理が厳密なため、ヨーロッパ人宣教師は中国にはいることが困難になった。三回目は、一七八四年の中国全土にわたる天主教禁止運動であった。しかしこのときは逮捕された宣教師は釈放され、海外に追放された宣教師で、中国にひそかにもどった者もあった。

▼イグナス・ケーグラー（戴進賢《たいしんけん》、一六八〇〜一七四六）　ドイツ人イエズス会士。清朝の天文台を管理し、独仏の天文学者と通信した。

▼乾隆帝（高宗、一七一一〜九六、在位一七三六〜九五）　治世の後半には、乾隆禁書と呼ばれる厳しい言論統制を布いた。

▼公行貿易　清代広東の公行（外国貿易をあつかう特許商人たち）による外洋貿易の通称。一八四二年の南京条約によって廃止された。

満人の騎馬部隊

▼アウグスト・ド・ハレルシュタイン（劉松齢《りゅうしょうれい》、一七〇三～七四）　オーストリア人イエズス会士。地図作成。欽天監を指揮した。

▼ジュゼッペ・カスティリヨーネ（郎世寧、一六八八～一七六六）　イタリア人イエズス会士。三代の皇帝に仕えて多くの絵画を残した。左図はカスティリヨーネ画「うららかな春」、故宮博物館蔵。

乾隆帝は康熙帝のようにはヨーロッパ科学に関心をもたなかったが、宣教師の技術と美術を好んだ。ケーグラー、ペレイラの後継者としてハレルシュタイン▲ら数名が天文観測をおこない、暦や地図を作成し外国使節の応接もした。ロシアを含めヨーロッパ各国からの外交文書は、中国のイエズス会士が翻訳した。

宮廷画家には円明園建造に尽力したカスティリヨーネ▲らが重用された。カスティリヨーネの絵は、乾隆帝が皇太子だったころからのお気に入りだった。時計係、薬剤師、侍医にもそれぞれイエズス会士が任命された。新疆《しんきょう》の回族叛乱を平定後、一七五六年に清朝は『皇輿西域図志《こうよさいいきずし》』をつくった。ただし天山付近を除けば、実際に測量製図に参加したのはほとんどヨーロッパ人宣教師ばかりだった。康熙時代の『皇輿全覧図』を基礎にして、アジア大陸全図がブノワ▲を中心に銅版で作成され、『乾隆十三排地図』、別名『乾隆内府銅版地図』が一七六一年に完成した。

イエズス会の解散

十七世紀中期から、イエズス会本部の環境にも変化が生じていた。十六世紀後半から十七世紀前半にかけてイエズス会の世界的な成功は、ヨーロッパで称賛をあびたが、同時に会にたいする嫉妬や競争、陰謀を巻き起こした。他方ではプロテスタントを擁《よう》するオランダ・イギリスが国力を伸ばし、カトリック王国ポルトガル・スペインが占拠したインドや東南アジア各地を、十六世紀末からつぎつぎに奪っていった。イエズス会自体、黄金期（一五六五〜一六四五年）といわれた第三代から第六代までのイエズス会総長に比べて、第七代以後は総長の魅力に欠けていた。とくに一六八七年に就任した十三代総長ゴンサレスからは、会の統一が危ぶまれたといわれる。

　ローマ教皇のイエズス会支持もゆれた。一六四〇年代の福建にきたフランシスコ会士サント・マリー、ドミニコ会士モラレスは、四五年に教皇インノケンティウス十世から「儒教の祖先崇拝が迷信ならば、否定する」という約束をとりつけた。しかし同じ教皇が一六五一年には、中国からいったんローマに帰ってきたイエズス会士マルティニ▲にたいして、「祖先崇拝がたんなる民間宗教ならば、許可する」という支持を与えた。

　ドミニコ会、フランシスコ会、カプチン会▲、パリ外国宣教会▲などのカトリッ

▼ミシェル・ブノワ（蔣友仁、一七一五〜七四）　フランス人イエズス会士。乾隆帝に仕え、噴水・晴雨計・地図・銅版画などを製作。

▼マルティン・マルティニ（衛匡国《えいきょうこく》、一六一四〜六一）　イタリア人イエズス会士。マルティニが紹介したキリスト以前の中国史は、中国地図とともにヨーロッパで反響を呼んだ。

▼カプチン会　フランシスコ会から分離して、一五二八年に創立。

▼パリ外国宣教会　フランス語を母語とする者を、会員とするカトリック宣教会（一六六三年創立）。アジア布教に専念し、イエズス会に対抗した。

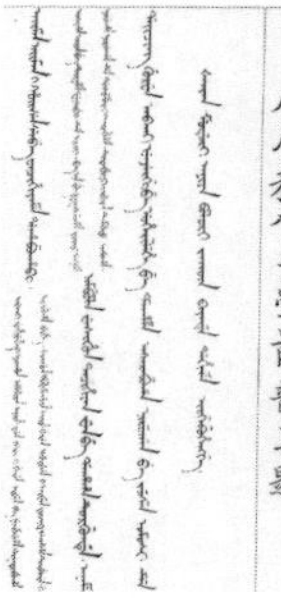

『乾隆十三排地図』の御題《ぎょだい》（満文）

▼ポール・ロワイヤル　パリ郊外の修道院。十七・十八世紀に、オランダの神学者ヤンセニウス（一五八五〜一六三八）を支持する宗教運動の中心となり、イエズス会と対立した。

▼ブレーズ・パスカル（一六二三〜六二）　真空実験や遺稿『パンセ』で知られる科学者・思想家。

ク諸派からは、中国のイエズス会士は中国人にキリストの像をもたせながら孔子や釈迦の偶像崇拝を許している、と会の適応策にたいする厳しい批判がでた。中国の典礼問題（二一頁参照）をめぐって、十七・十八世紀のヨーロッパでは大量の攻撃文書が印刷された。

イエズス会の圧力を受けたポール・ロワイヤル▲に同情したパスカル▲は、『プロヴァンシアル』（田舎人への手紙）を書き、第五書簡でつぎのように述べた。神が磔《はりつけ》になるのは馬鹿げている、と住民がいうインドや中国で、イエズス会士が十字架のイエス像をかくし、栄光のイエスだけを見せるのは偽善的である。枢機卿による一六四六年の宗教聖省教令は、宣教師が住民に十字架の神秘を教えることや、教会にキリスト像を掲げることを命じたではないか。心のなかでイエスを唱えさえすれば、表向きは天帝や孔子を祀ってもかまわないという詭弁は、偶像崇拝を許すことになる。パスカルの匿名文書は、アナ神父がルイ十四世の聴罪師を務める権力絶頂のイエズス会に、鋭い反撃を与えた。

ついにローマ教皇庁は一七〇四年に、クレメンス十一世の書簡をもつ特使トゥルノンを北京に派遣した。しかし康熙帝は面接を許さず、トゥルノンはマカオに追放されポルトガルの監獄で死去した。一七一五年クレメンス十一世は北京のイエズス会士にたいし、中国人信者の祖先崇拝を禁止した。

会士たちは皇帝を怒らせないよう必死だったが、康熙帝は一七一七年に宣教師追放令を出し、雍正帝は即位直後にキリスト教を全面的に禁止した。教皇庁は一七二四年に祖先崇拝を禁止、三二年にもクレメンス十二世が禁止令を繰り返した。すでに三〇年以上北京に住んでいるパルナンは、乾隆帝の信頼を保つことができたが、地方の宣教師たちは広東からマカオへと閉め出され追放された。

イエズス会のルイ・ル・グラン学院で学んだ哲学者ヴォルテール▲は、中国の典礼問題について、ヨーロッパ人はキリスト教の教義について一七〇〇年も議論をかさねたあげく、中国人の信仰についてまで論争の種にしなければ気がすまないのだ、と冷静だった。しかしスペインのイエズス会がパラグアイに居留地をもち、住民を支配したことを『諸国民の習俗と精神についての試論』(習俗論、一七五六年)の一五四章でつぎのように批判した。

イエズス会はパラグアイの部族民から自由を取り上げるかわりに、種まき、

▼**ヴォルテール**(一六九四〜一七七八) 本名は、フランソワ＝マリー・アルーエ。啓蒙時代の代表的思想家。『ルイ十四世の世紀』(一七五一年)、『ピョートル大帝治下のロシア帝国史』(六〇年)などを著した。インドや中国を重視し、『歴史哲学』(一七六五年)でキリスト教的歴史観にある偏見を批判した。

耕作、煉瓦作り、製材、家屋建築を教えた。ヨーロッパで修道院を経営するのと同じ手法で、パラグアイの居留地に学校を建てて広大なグアナニ共和国を支配したのは、イエズス会の権力的な野望の現れである。

ヨーロッパ大陸でのイエズス会弾圧が、一七五〇年代に始まった。パラグアイでポルトガル軍に反して会がインディオを支持したため、ポルトガル国王は一七五九年にポルトガル・アジア・ブラジルのイエズス会解散を命じた。ついで一七六一年、北米カリフォルニアのマルティニク島で会の会計責任者ラヴァレット神父が、不法に五〇〇名の奴隷をえて製糖工場を経営し、破産した事件が明るみにでた。パリ高等法院は翌年全フランス領におけるイエズス会士追放を命じ、一七六四年に国王ルイ十五世がイエズス会解散を宣言した。

一七六七年にスペイン王カルロス三世は、国内の全イエズス会士を一晩で追放か逮捕するよう命じただけでなく、十八代総長ロレンツォ・リッチの投獄を主張した。一七七三年に教皇クレメンス十四世は、イエズス会解散令を出した。ロシア、プロイセンおよび海外フランス領ではこの解散令は厳密に実行されなかったが、イエズス会の復興は十九世紀初めの教皇ピウス七世▲の時代を待たね

▼**ピウス七世**(在位一八〇〇～二三)
ナポレオンと対峙して逮捕されたが、一八一四年に教皇領を取り戻した。

ばならない。

中国ではオーストリア出身のイエズス会士ラインベックホーヴェン▲が、解散を命じる教皇書簡を発表したのち一七八七年に死去した。その一〇年後に、中国人イエズス会士姚若翰《ようじゃくかん》▲が死去した。北京に残っていたイエズス会の施設には、パリ外国宣教会やフランシスコ会などの宣教師がはいってきて、イエズス会士は彼らの指令に服すよう命じられた。ヨーロッパからふたたびイエズス会士が中国の上海にくるのは、一八四二年のことである。

軍国主義とキリスト教

イエズス会は十六世紀の設立以来、国籍をこえて組織されたカトリック普遍主義の教団である。ポルトガル・スペイン・イタリア・フランス・ドイツ・オーストリア・ポーランド・ボヘミア・スイス・ベルギーなど、各地で育った会員が共同で宣教した。出身国による気風の違いやライバル意識はあったが、イエズス会では管区長の調整によって対立がある程度押さえられた。またイエズス会は東アジア各国で現地の会員をむかえいれ、中国では中国人会士が何人も

▼ゴットフリート＝ザビエル・ド・ラインベックホーヴェン（南懐仁、一七〇七～八七）　イエズス会解散後、フランシスコ会の指示に協力。晩年は、三万人のキリスト教徒がいたといわれる江南を流浪した。

▼姚若翰（一七二二～九六）　ラインベックホーヴェンを看取り、蘇州で亡くなった。

活動に加わった。

しかし十八世紀のヨーロッパは、徹底的に軍事国家の時代であった。ヨーロッパ強国の対立は激しくなり、大航海時代のカトリック強国ポルトガル・スペインは、十七世紀からその勢力を失った。プロテスタントを擁するオランダ・イギリスがアジアに乗り出し、東南アジア島嶼《とうしょ》部やインドなどポルトガルの根拠地を奪っていった。軍事力はキリスト教宣教にも影響した。カトリック社会はローマ教皇に直属し、教皇庁は十七世紀後半からフランスに宣教活動の存続を担わせた。しかしフランスでも教皇権からの独立志向が強くなり、ナポレオ▲ンは教皇領に侵入してピウス六世▲を幽閉した。

その後、ピウス七世の時代にようやく教皇領を取り戻して、イエズス会の再興も宣言したのである。ヨーロッパにおける海外キリスト教布教の枠組みは、列強時代にはいった十八世紀後半から大転換し、のちに述べるように十九世紀になると、中国宣教の担い手はカトリックからプロテスタントに移ってゆく。

こうしたヨーロッパキリスト教界の変化に比べると、中国におけるイエズス会は儒教文化に適応し、数理科学を軸として明朝・清朝において、持続的に活

▼**ナポレオン・ボナパルト**（一七六九～一八二一、在位一八〇四～一四、一五）　フランス皇帝ナポレオン一世。

▼**ピウス六世**（在位一七七五～九九）　教皇領に侵入したフランス軍に、無抵抗で幽閉された。

動の場を保っていたようにみえる。しかし、中国のイエズス会士たちが十八世紀末に中国布教をあきらめたのは、たんにイエズス会解散やローマ・カトリック教会の弱体化という、ヨーロッパ側の事情によるものだろうか。中国キリスト教の問題を考えるには、リッチ以来イエズス会士に向き合った中国知識人が、キリスト教をいかに受けとめたかを知る必要があろう。明清中国はイエズス会士のなにを評価し、なにを拒み、どのように対応したのか、次章では中国側の態度を見届けたい。

③—中国知識人はヨーロッパの文化をどうみたか

明代高官の天主教容認——葉向高、楊廷筠ら

リッチらとの交流をとおしてイエズス会の天主教や科学知識に関心を寄せた知識人は、通番《つうばん》あるいは接済《せっさい》と呼ばれる外国貿易に慣れていた南部沿岸出身の高官が多かった。彼らのキリスト教理解は、中国を慕ってきた遠西夷《えんせいい》(ヨーロッパ人宣教師)の天主教が、儒学の「敬天愛人」や「修身事天」の教えに背かない、という大づかみなものだった。それでも嘉靖《かせい》時代(一五二二～六六年)生まれの老練な名士(二三頁参照)が、西学や西教は中国に役立つと認めたことは、イエズス会士の中国定住を可能にした要因である。

大臣を歴任した葉向高《しょうこうこう》(二四頁参照)は朝廷で、また退官後も郷里の福建でイエズス会に協力した。葉は一五九〇年代に朝鮮出兵した日本や、北辺で強力になりはじめた満州族を警戒し、広くアジア世界に目を向けていた。彼は来航したイエズス会士が、古代儒学によく似た教えを説き、世界地理をわかりやすく紹介することに感心した。葉向高はリッチの『幾何原本《きかげんぽん》』を高く評価し、その

墓地を皇帝から賜わるようとりはからった人である。

　一六二〇年に葉は泰昌《たいしょう》帝▲のもとで首相になると、反天主教の沈漼《しんかく》（一二八頁参照）を失脚させた。一六二四年に宦官《かんがん》の魏忠賢《ぎちゅうけん》に敗れ郷里福建にもどったが、彼はアレーニの『職方外紀』に序文を書き、道家や釈氏の世界観と違ってイエズス会士の地理学は実地の見聞にもとづく、とほめた。

　葉向高は会士が説く天主による天地創造に賛成したわけではなく、万物一元の気が天地を貫くという伝統的な見方をしていた。彼は天主の役割についても疑問をもち、現世で苦しんでいる善人を救わない天主は、全能とは認められないと発言した。

　それでも葉はイエズス会士の活動を後援し、仏教に造詣ある高官曹于汴《そううべん》らの協力をえて、アレーニと対談し『三山論学記《さんざんろんがくき》』を世に出した。文人が天主教への疑問も率直に表明したためか、この本は五種類もの刊本がでる話題作となった。彼はまた江南の親天主教グループ結成に貢献し、六〇名もの福建文人を誘って「泰西《たいせい》諸先生に詩を贈る」『熙朝崇正集《きちょうすうせいしゅう》』を編集した。葉向高の死後も一〇〇人をこえる地方文人が自由に教会に出入りし、宣教師たちと一〇年間にわ

▼泰昌帝（光宗、一五八二〜一六二〇）　万暦《ばんれき》帝の長子。一六二〇年に即位したが、在位一カ月で急死した。

たって対話を続けた。

浙江《せっこう》省出身の楊廷筠《ようていいん》(一一七頁参照)は、儒学にも仏教にも心を寄せていた。しかし一六一一年に南京に赴任した李之藻《りしそう》をつうじて、カッタネオやトリゴーと知り合ったのちは、天に事《つか》え、天を畏《おそ》れ、天を敬う天主教は、「中華先聖之学」であると認めた。彌格《ミカエル》という号を、自著に印刷するほど心服した。楊はアレーニの『職方外紀』に序文を書き、地球が丸いことに驚いたと述べている。天円地方(天のかたちは丸く地は方形)が、宇宙のイメージだったからである。

教育行政に責任と権力をもつ提学監察御史の楊廷筠が、夷狄《いてき》であるイエズス会士にかわって、キリスト教への疑問に答える『代疑篇』をわざわざ出したことは、江南地方の仏教徒や沿岸警備の役人たちを怒らせた。また仏僧たちからは匿名で、「代疑序略説」「非楊篇」などの楊廷筠批判がでた。他方イエズス会側は楊廷筠の協力を忘れず、清代の十八世紀になってからも『楊淇園《ようきえん》行蹟《ぎょうせき》』を出している。

徐光啓の書

西洋科学を取り入れた高官——徐光啓・李之藻ら

イエズス会士の天文学・数学・農業・土木・軍事知識などに刮目《かつもく》した徐光啓・李之藻は、数学を基礎とした西洋科学を信頼し、葉向高と同じように修身事天・敬天愛人の天主教を擁護した。二人はリッチの漢訳に協力して、『幾何原本』『同文算指』ほかを出版した。リッチによると、この二人だけが『幾何原本』を正しく理解したという。二人はウルシスと協力して、西洋暦法による暦局《れききょく》(二六頁参照)を実現させ、テレンツ、シャールたちの協力をえて、大著『崇禎暦書《すうていれきしょ》』を刊行した(巻末のイエズス会士著訳書一覧を参照)。

上海出身の徐光啓は幼少時に倭寇の被害を受けた経験から、農業を柱とする富国と、専守防衛による強国を念願した。一五九六年に広東《カントン》でカッタネオに出会った光啓は、南京でリッチに出会い、科挙で進士(科挙の最高段階である殿試の合格者)になってからも西学を学んだ。彼はとくに幾何学に注目した。論理的な証明を重んじ、なぜそうなるのかを追究する幾何学は、諸科学の基本になると考えた。彼は天津《テンシン》を中心に農地を開拓し、試験園で綿花・サツマイモ・水稲・ブドウを栽培し、水圧ポンプやスクリューの使用を推進した。晩年の名著である『農政全書』は、この経験にもとづいている。一六一六年に沈漼が、中華を乱す遠西夷の追放を要求し「参遠夷疏《さんえんいそ》」を上奏したさい、徐光啓は「弁学《べんがく》章疏《しょうそ》」で反論し、「西国遠人」の暦算や水利が役立つと述べた。

撫順《ぶじゅん》、開原《かいげん》などが満州族の手に落ちた一六一〇年代から、徐光啓は国防を論じ、北辺での明軍敗北を防ごうとした(三二頁図参照)。しかし一六二六年に袁《えん》崇煥《すうかん》が西洋大砲でヌルハチ▲を負傷させた寧遠《ねいえん》の戦いが、唯一の吉報だった。一六三〇年に満州族が北京に迫ったとき、徐光啓はイエズス会士ロドリゲスの申し出を受けてポルトガル援軍を奏請し、自らも武器買い付けにマカオへ同行しようとしたが、大臣に昇任し北京を離れられなかった。翌年徐は王徵《おうちょう》と孫元化《そんげんか》▲を山東省に急派するよう上奏し、現地の軍統率と爆薬の調合は、孫元化が適任であると述べた。しかし彼が明朝再興の望みをかけた袁崇煥と孫元化は、実戦で力を発揮する前にいずれも政府内紛のため、処刑された。

李之藻は福建学政として赴任途中に、アストロラーベで観測し、その正確さを知って西学を認めた。彼は天球モデルとアストロラーベを紹介した『渾蓋《こんがい》通憲図説』をはじめ、リッチの漢文著作全部と、アレーニ、ウルシス、徐光啓ら

▼ヌルハチ(一五五九〜一六二六) 入関前の清の太祖。第八子のホンタイジ(太宗)が満州を統率し、一六三六年に国号を清と称したさいに、ヌルハチを太祖とした。

▼孫元化(?〜一六三二) 徐光啓の門人で、数学と軍事学に優れた軍事司令官。山東省で満州側に寝返った明軍の叛乱鎮圧に失敗。敵将との結託を疑われ、明朝に処刑された。

の著作を加えて、二一点をおさめた『天学初函《てんがくしょかん》』を刊行した。序文や校閲などでこの叢書に加わった中国知識人は、のべ六〇人をこえており、明末の活発な東西出版協力を示している。『天学初函』は李朝朝鮮や徳川日本に伝わり、東西交流の成果を十七世紀の東アジアに広めた。

さらに李はフルタドに協力して、宇宙論の書『寰有詮《かんゆうせん》』や論理学の書『名理《めいり》探《たん》』を漢訳したが、これらはポルトガルのコインブラ大学における講義録であった。僚友徐光啓とともに明朝防衛を心配していた李之藻は、一六二〇年代にマカオから大砲を購入し、ポルトガル砲兵を北京に呼んで教練させたこともあった。

注目されるのは、李之藻が郷里浙江省での反天主教運動を、把握していたことである。彼は雲棲珠宏《うんせいしゅこう》▲や虞淳熙《ぐじゅんき》▲がリッチ批判の書簡を送り、二人にリッチが回答した『弁学遺牘《べんがくいとく》』を、『天学初函』に収録して後書きを記している。李之藻は同郷の珠宏や虞淳熙に敬意を表しており、彼らを誹《そし》らなかった。むしろこうした率直な討論が、三人の急逝によって終わったことを惜しんだ。

韓霖《かんりん》▲は徐光啓を尊敬し、都市防衛のために軍事学に打ち込んだ。彼は築城や

▼雲棲珠宏（一五三五～一六一五）浄土教に帰依した高僧。蓮池大師と呼ばれた。『竹窓随筆』でキリスト教に反論。

▼虞淳熙　一五八三年進士。吏部稽勲司郎中（人事をつかさどる省庁の勲功関係の部局長）。在家で浄土教に帰依し、徳園居士と呼ばれた。

▼韓霖　一六二一年に挙人（科挙の第一段階である郷試の合格者）となる。兵部主事（軍事・武官をつかさどる省庁の事務主任）。

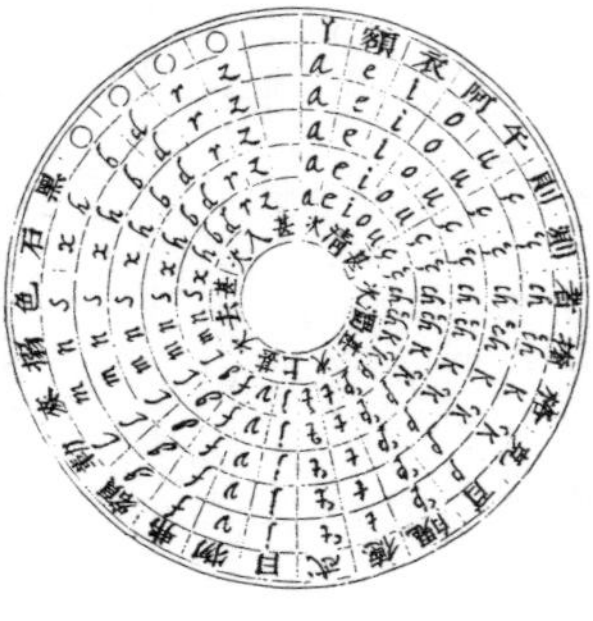
『西儒耳目資』の「万国音韻活図」

▼**梅文鼎**(一六三三〜一七二一)　数学者、天文学者、暦学者。西洋天文学を暦法に組み込むにあたって、閏《うるう》月など部分的改革を提言した。康熙帝の信任を受ける。中国の学問が西洋に伝わったとする西学中源説を唱えた。

▼**薛鳳祚**(一六二八〜八〇)　ポーランド人イエズス会士スモゴレンスキーの指導を受けて、球面三角法および対数を中国に導入した。

銃砲製造に西洋法を取り入れ、徐光啓・王徴らの軍事学を集大成し、『慎守要録』『守圉《しゅぎょ》全書』を著した。清代になってから数学者梅文鼎《ばいぶんてい》▲は韓霖の『守圉全書』を読み、「私は徐光啓の涙をかさねて落しました。もし徐公を最後まで辺境防守に登用していたら、明は守られたはずです」と、友人の天文学者薛鳳祚《せつほうそ》▲に書き送った。

王徴は、韓霖の兄弟や吏部尚書(人事をつかさどる省庁の長官)の張問達《ちょうもんたつ》とともに、トリゴーが試みた中国語のアルファベット表記を手伝って、『西儒耳目資《せいじゅじもくし》』として出版した。またテレンツが紹介したヨーロッパ機械工学の『遠西奇器図説《えんせいききずせつ》』を漢訳しようとしたが、時間の切迫から中国にとってもっとも必要な機器を記録したという意味を込めて、『遠西奇器図説録最《えんせいききずせつろくさい》』を図入りで出版した(二七頁参照)。王徴は楊廷筠のキリスト教擁護論の『代疑篇』に序を贈り、単著で『畏天愛人極論《いてんあいじんきょくろん》』を出した。

親天主教派と反天主教派

イエズス会を認めた徐光啓ほか西学派の明朝官吏や南部の親キリスト教知識

天主教の活動

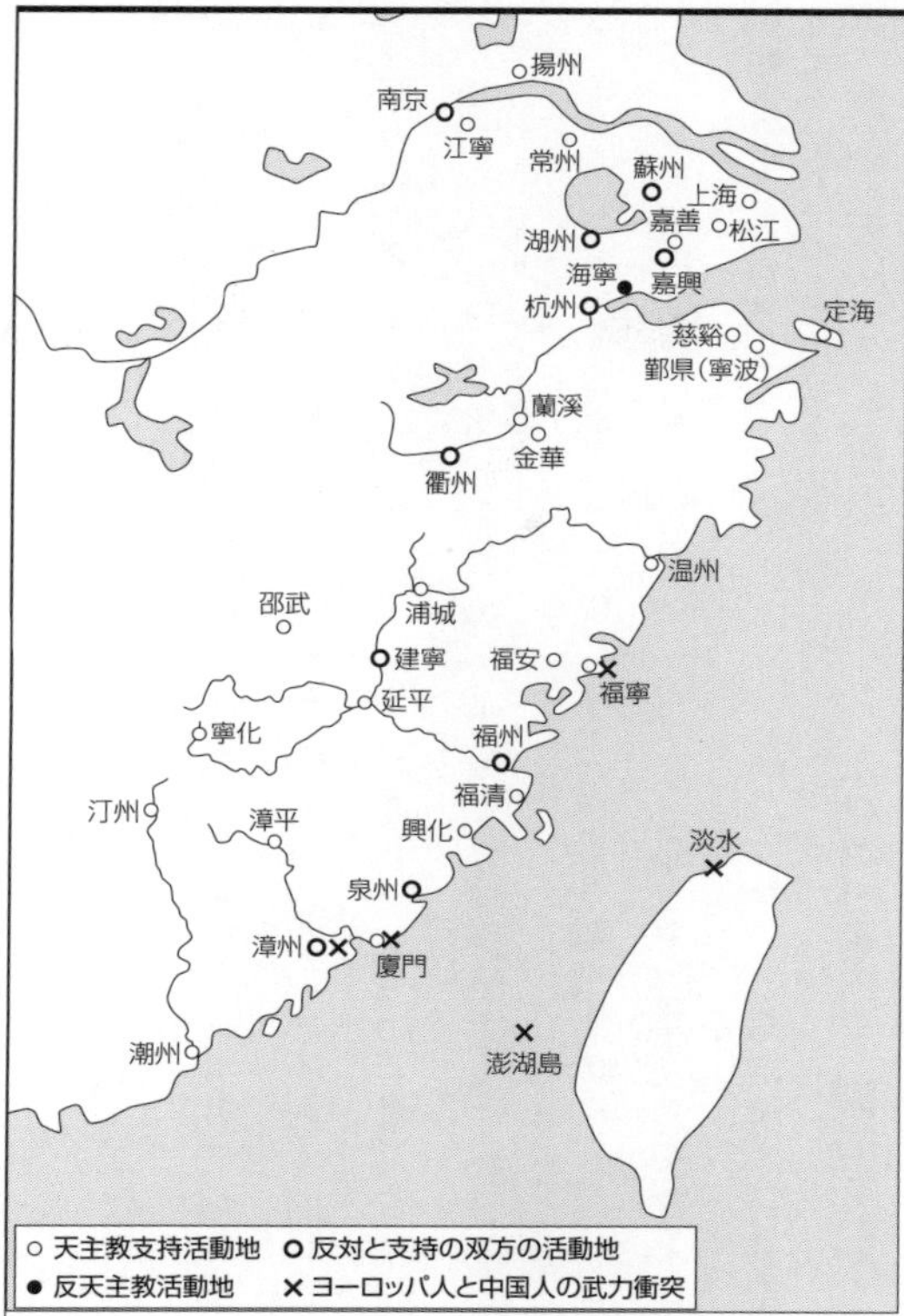

『建福州天主堂碑記』(影印本)

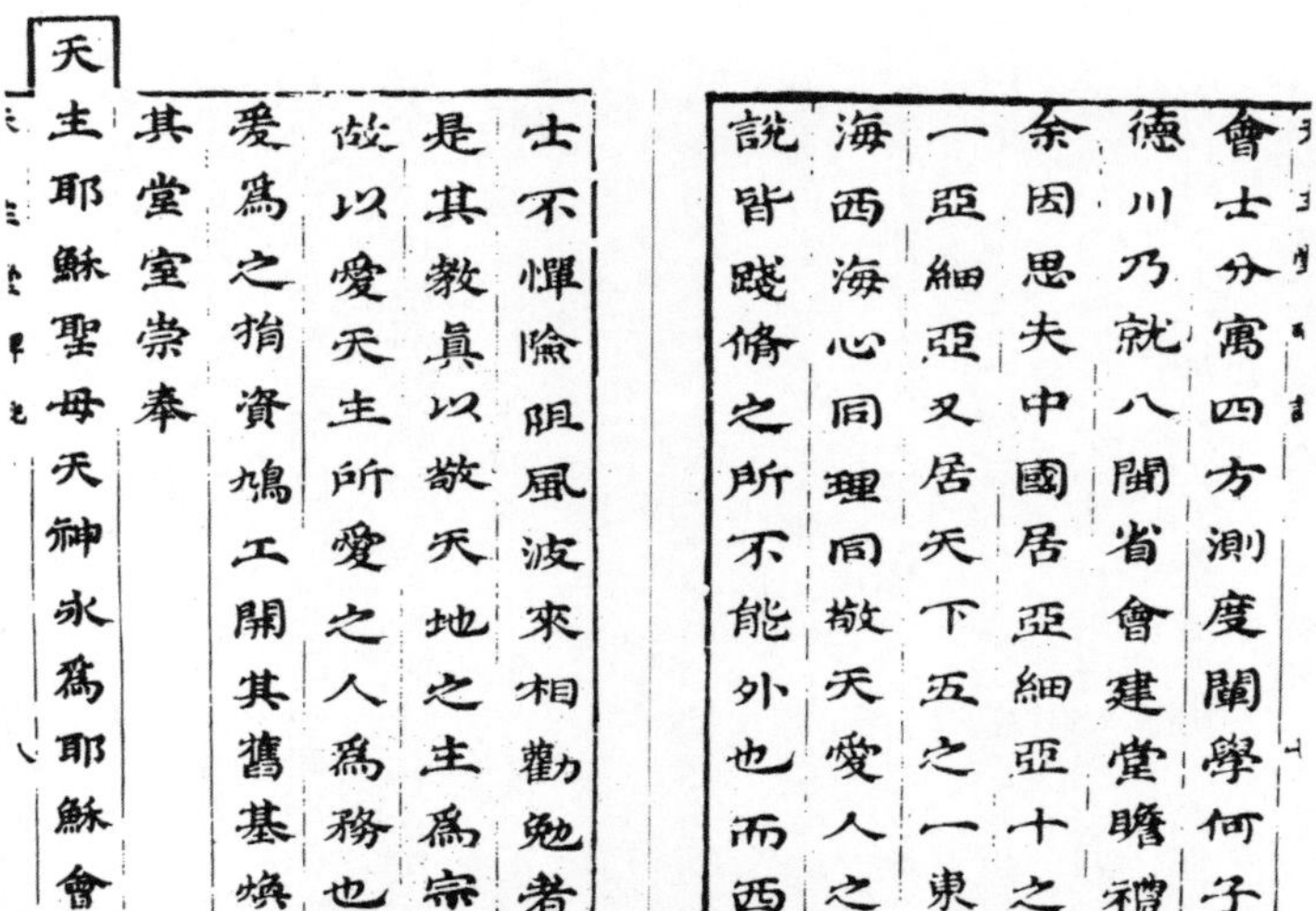
會士分寓四方測度聞學何子
德川乃就八閩省會建堂瞻禮
余因思夫中國居亞細亞十之
一亞細亞又居天下五之一東
海西海心同理同敬天愛人之
說皆踐脩之所不能外也而西
士不憚險阻風波來相勸勉者
是其教真以敬天地之主為宗
倣以愛天主所愛之人為務也
爰為之捐資鳩工開其舊基煥
其堂室崇奉
天主耶穌聖母天神永為耶穌會

▼陸九淵（一一三九〜九二）　儒学者。号は象山《しょうざん》。『象山全集』の文章が、引用された。

▼朱宗元（一六〇八頃〜？）　一六四八年の挙人。イエズス会士ディアス、モンティロ、グラヴィナらの漢訳書に協力したほか、天主教擁護の単著もある。

人は、イエズス会士を西儒《せいじゅ》、西士と呼ぶことが多かった。彼らは天主教と表現するほかに、天学、天教、西教、景教などと述べ、天主を上帝、上主ともいった。李之藻らは宋代の儒家陸九淵《りくきゅうえん》▲の、「東南西北の海に聖人出づるあり、この心を同じくしこの理を同じくす」を短縮して、「東海西海、心同理同」という標語をつくった。親天主教派の知識人はこの標語を使って、たとえ住んでいる場所や言語が違っても、東（中国）の心や理は西（ヨーロッパ）と同じだ、とイエズス会を擁護した。

一部の中国知識人がヨーロッパに好意的なイメージをもったのは、明朝滅亡期だった。のちに清の科挙を受けて挙人になる寧波《ニンポー》の朱宗元《しゅそうげん》▲は、アレーニのヨーロッパ案内書『西方答問』の理想化されたイメージに影響を受けて、明末に『答客問』のなかでつぎのように書いている。「大西（ヨーロッパ）では家屋はみな美しい石でできており、高いものは一〇〇丈もある。それらは金や宝石でかざられ玻璃《はり》で縁取られている。衣裳は軽やかで飲食の心配もない。わが中土（中国）の繁栄はこれにおよばない。大西の時計、望遠鏡、起重機、自動演奏機など、どれをとっても精巧絶妙でないものはない。中土の技術はこれにおよば

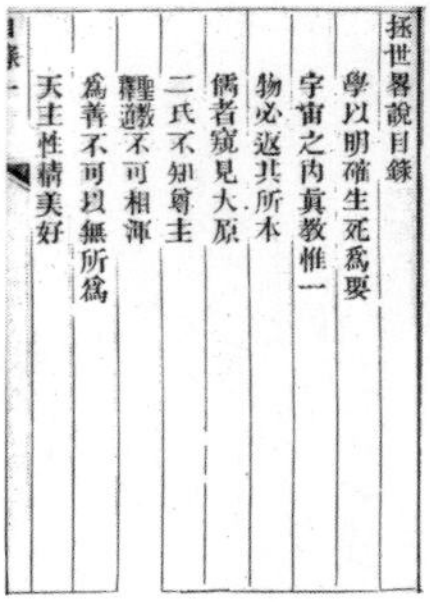
拯世畧說目錄
學以明確生死爲要
宇宙之内眞教惟一
物必返其所本
儒者竊見大原
二氏不知尊主
聖蹟不可相渾
爲善不可以無所爲
天主性情美好
目錄 一

『拯世略説』の目次

ない」。

親天主教の南部グループにいた朱宗元は、清初も高官佟国器《とうこくき》のもとで活躍した。激戦地だった浙江・福建の沿岸部で育った彼は、生死の問題に正面から答えない儒家を批判した。朱は『拯世略説《じょうせいりゃくせつ》』(刊行年不明)に「私の住む呉越《ごえつ》の地は、昔は中国の領土にはいらなかった。人びとは髪を振り乱して入れ墨をし、衣冠文物も備わらなかった。しかし当地が文明極めて盛んとなってからは、どうして野蛮の地と呼ばれて軽蔑されるだろうか。いわんや大西《たいせい》欧邏巴《ヨーロッパ》は、学問・著作、製造・制度も本来わが国と変わらない。天子の住む地とその付近は地の華であり、千万里の辺地は地の夷である。よく真主を認めて身を修め、行いを慎むならば心の華であり、根本を失って身勝手や不正な行いをすれば、心の夷である」と書いている。朱はイエズス会士が伝えた理想のヨーロッパ像を受け入れ、伝統的な華夷思想を退けた。

これにたいして天主教を非難し、邪教と呼んだ知識人たちは、狡《ずる》い西の蛮人どもはフィリピン・モルッカ・バタヴィア・台湾で土地を奪い、住民虐殺や略奪をおこなってきた、暦法や天文の技術を衒《てら》って明朝に取り入り、銀を与えて民を誘い、邪教を広めようとしているイエズス会士も、また狡夷《こうい》の仲間である、と警告した。

とりわけ地方官や在郷文人は、天主だけを尊ぶキリスト教が、国君や親を大事にする道徳と秩序を壊す、と非難した。イエズス会は土地の守り神の祭祀や祖先追悼をないがしろにして、天主の像を勧め中国の風俗を乱す。そもそも「天を敬い、天に事える」ことは、大昔から中国の聖賢の教えである、いまさら海外からきた夷狄に、敬天を教えてもらう必要はない、天主教は儒教を盗むものだ、と虞淳熙らは主張した。反天主教の文人たちは、匈奴《きょうど》・突厥《とっけつ》・蒙古などの夷狄に交易を許したために王朝を失った中国史を振り返り、外国人が中国に居座ることを禁止した。

リッチに仏教は空《くう》や無《む》を説き、いっさいの存在や真実を否定すると誹《そし》られたうえに、仏教の輪廻《りんね》は閉他臥剌《ピタゴラス》の教えを盗んだといわれた高僧や仏教支持の居士たちの怒りは、いっそう大きかった。雲棲珠宏、費隠通容《ひいんつうよう》▲らは、天主教は人の本来の心を無視して十字架の罪人を崇拝し、万物の輪廻も知らず、平気で家畜を殺生すると非難した。『原道闢邪説《げんどうへきじゃせつ》』（序は一六三六年）を書いた費隠通容は、

▼**費隠通容**（一五九三〜一六六一）
禅僧。来日し黄檗山万福寺を開いた隠元隆琦《いんげんりゅうき》の師。

リッチの『天主実義』を取り上げ、利瑪竇《りまとう》は天主だけが始めも終わりもないといっているが、天地も鬼神《きしん》も虚空《こくう》も本来無始無終である、と主張した。本来の心や自己の本分をかえりみずに、心の外に天主を求めるのは邪見だ、という費隠の批判は仏教側を代表していた。儒学者蔣徳璟《しょうとくけい》▲は、上帝を祀ることができるのは皇帝だけである、天主が上帝と同じであると公言するイエズス会は不遜である、と憤った。反天主教の儒学者、仏僧、官吏から一般の人びとにいたるまで結束して、福州で『明朝破邪集《みんちょうはじゃしゅう》』(一六三九年序)を出版した。

ただし反天主教派の中国知識人は、イエズス会を拒否しただけでなく、北方異民族の満州族をも敵視したから、清朝が支配すると明に殉じる態度をとった。かつてヴァニョーニらを取り調べた徐従治《じょじゅうち》▲は、山東巡撫に昇進したが、満州族に寝返った明の武官が使った西洋大砲で戦死した。天主教禁止令で知られた施邦曜《しほうよう》▲は、北京在任中に崇禎《すうてい》帝の悲報にあって、殉死した。蔣徳璟は、郷里泉州が清軍に占領されるのを見るよりは、と餓死を選んだ。このように反天主教派は、清初にはいったん中国社会の表舞台から退いた。しかし『明朝破邪集』に結集した反キリスト教思想は、清政権が確立すると、政府の天主教禁止を支

▼**蔣徳璟**(?〜一六四六)　礼部尚書。アレーニの『西方答問』に協力したことがある。のち反天主教に転じる。

▼**徐従治**(?〜一六三二?)　『明朝破邪集』の編者徐昌治《しょうち》の従兄。

▼**施邦曜**(一五八五〜一六四四)　副都御使。儒学者でもあった。

『明朝破邪集』の目次

聖朝破邪集目錄　徐昌治訂
卷一
南宮署牘序　陳懿典
叅遠夷疏 凡三　沈漼
查驗夷犯劄
會審王豐肅等犯案 并移咨　吳爾成
南京都察院回咨
卷二
發遣遠夷回奏疏　沈漼

える理論的な枠組みとなった。

中国における西洋科学の受容

　中国知識人がイエズス会士をつうじて受け入れたヨーロッパ文化のうちで、もっとも影響が大きかった科学を振り返っておきたい。リッチが紹介した幾何学は、証明の確実さによって明末知識人に衝撃を与え、リッチと徐光啓の共訳『幾何原本』が誕生した。続いて天文学をはじめとする漢文著作が刊行され、イエズス会の数理科学が中国にはいるきっかけになった(巻末のイエズス会士関係著訳書一覧を参照)。リッチは北京にきてからもクラビウス(一一二頁参照)との交流を続けたため、コレジヨ・ロマーノの教育レベルの数学・天文学が、そのまま中国にはいってきた。証明を求める精神は、徐光啓の学問に大きな拠り所を与えたばかりか、のちの清朝考証学▲にも影響を与えたといわれる。

　天文学では中国のイエズス会士は先進的で、プトレマイオスの天動説を保持しながらも、すでに一六二〇年代末からアリストテレスの宇宙論をかえりみなかった。正確な明朝の暦をつくるため、一六三〇年代からは精度の高いティ

▼**清朝考証学**　宋代明代の儒学に対抗して清代に起こった古典研究の学風。実証的方法をとり、経書の意味を正しく理解しようとした。漢学、考據《こうきょ》の学とも呼ばれる。

コ・ブラーエ▲の理論が採用された。シャールらは、ガリレオの天文観測を肯定していた。イエズス会士が中国にもたらした天文学は、画期的であった。徐光啓・李之藻ら中国知識人とシャールらの協力によって、ヨーロッパ天文学の百科事典ともいえる『崇禎暦書』が完成した。

　ただし徐光啓たちは西洋天文学を体系的に受け入れるのではなく、その計算法を基礎としながら大統暦《だいとうれき》と同じパターンで、正確な中国の暦法をつくろうと意図した。この計画は明朝滅亡のため中断したが、清初に完成し、『時憲暦《じけんれき》』として頒布された。清朝でフェルビーストがつくった天球儀・四分儀・六分儀などは、一六七四年に天文観測台に設置された。十八世紀にケーグラーらは象《しょう》限儀《げんぎ》ほかの測定器を増設し、のちに四庫全書《しこぜんしょ》▲にはいる『儀象考成《ぎしょうこうせい》』を編んだ。

　数理科学を好み、満州語による数学講義をイエズス会士に要請した康熙帝は、中国人学者梅瑴成《ばいこくせい》や親王胤祉《いんし》らに『律暦淵源《りつれきえんげん》』の編纂を命じ、西洋科学を取り入れた明末以来の天文学・音楽理論・数学の集大成となる最高の宝典をつくらせた。この本には、西洋科学の起源が中国の伝統的な天文学・数学にあるという西学中源説がみられるが、当時は西法の導入を進めるために必要だったとい

▼ティコ・ブラーエ（一五四六～一六〇一）　デンマークの天文学者。惑星の位置観測は、望遠鏡の発明以前としては、もっとも精度が高かった。

▼四庫全書　乾隆《けんりゅう》帝がつくらせた一大叢書。経史子集の四部に分類編集された。一七八七年に一セット三万六〇〇〇冊、計七セット二五万二〇〇〇冊の四庫全書が完成。編纂したのは四庫全書館だったが、底本《ていほん》となる史書、公文書、詩文集には満人を夷狄視したものが多数発見され、漢籍好きな乾隆帝を激怒させた。その結果、四庫全書と並行して一五万部といわれる本が、禁書になった。なお四庫全書存目《そんもく》は、書名だけを記し四庫全書にいれてもよいかどうかを、清朝の裁決をあおぐ図書目録であった。

う。ヨーロッパの対数・三角関数・計算尺などが紹介され、清代中期の数学者に影響を与えた。

康熙帝がつくらせた『数理精蘊《せいうん》』『律暦淵源』の一部や、乾隆帝が命じた『暦象考成』とともに、明代の数学書『幾何原本』や地理書『職方外紀』などイエズス会士関係著訳書三七種が、四庫全書に収録された。このなかには、徐光啓の単著である『測量異同』も含まれている。四庫全書存目《そんもく》▲には、音韻学の『西儒耳目資』、地理の『西方要紀』、雑家《ざっか》(いろいろな学説)として明代の『天学初函』『天主実義』などがはいっている。

清朝が一七七三年に開館した四庫全書館は、ヨーロッパ人は天文暦算に長じており技術も巧みだが、(天主教の)議論は人をだます異端であるから、その技能はとるが教えを禁じる、と宣言した。したがって四庫全書にはいったイエズス会士関係書は、リッチの『天主実義』以外はみな科学書であった。しかも皇帝勅撰の書を除けば、十七世紀の作品が多く、十八世紀ヨーロッパの新しい科学情報は盛り込まれなかった。

ところでイエズス会からフランスに派遣された中国人留学生楊徳望《ようとくぼう》▲らは、織

▼**存目**　名目だけを保存するが信用できない書。リッチの著作『天主実義』への評価は、低いことがわかる。

▼**楊徳望**(一七三三〜九八?)　北京生まれ。ブノワの指示で一七五一年にフランスに派遣。ベルタン大臣の保護を受けルイ・ル・グラン学院などで勉学後、科学アカデミー会員から物理学・化学・自然史を学ぶ。絹工場・貴金属工場・武器工場などを見学し、一七六六年帰国。湖広や広東のフランス宣教団に参加したが、母国では役人ににらまれて不遇だった。

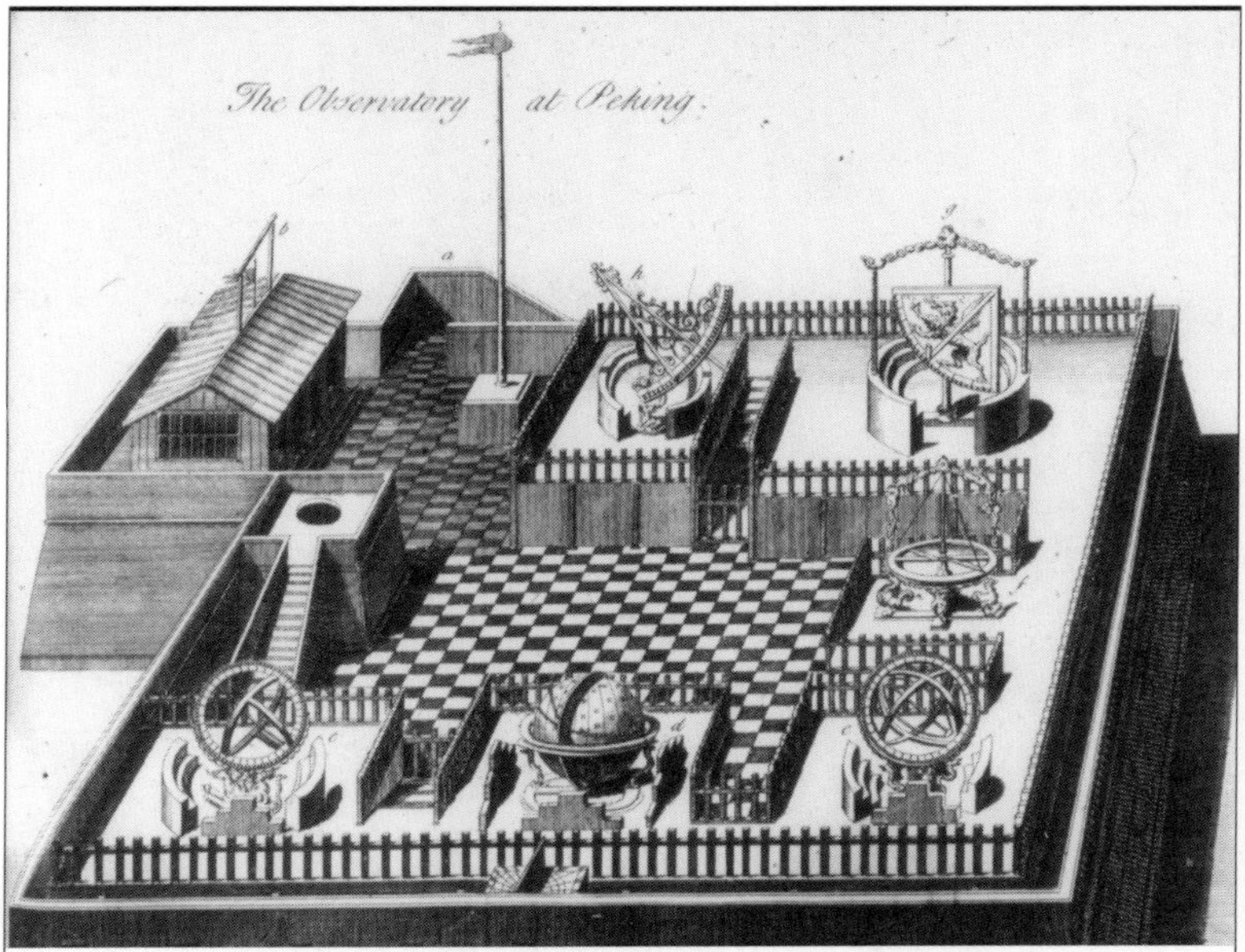

●北京の観測所　イエズス会士が作成した天文儀器を配置。

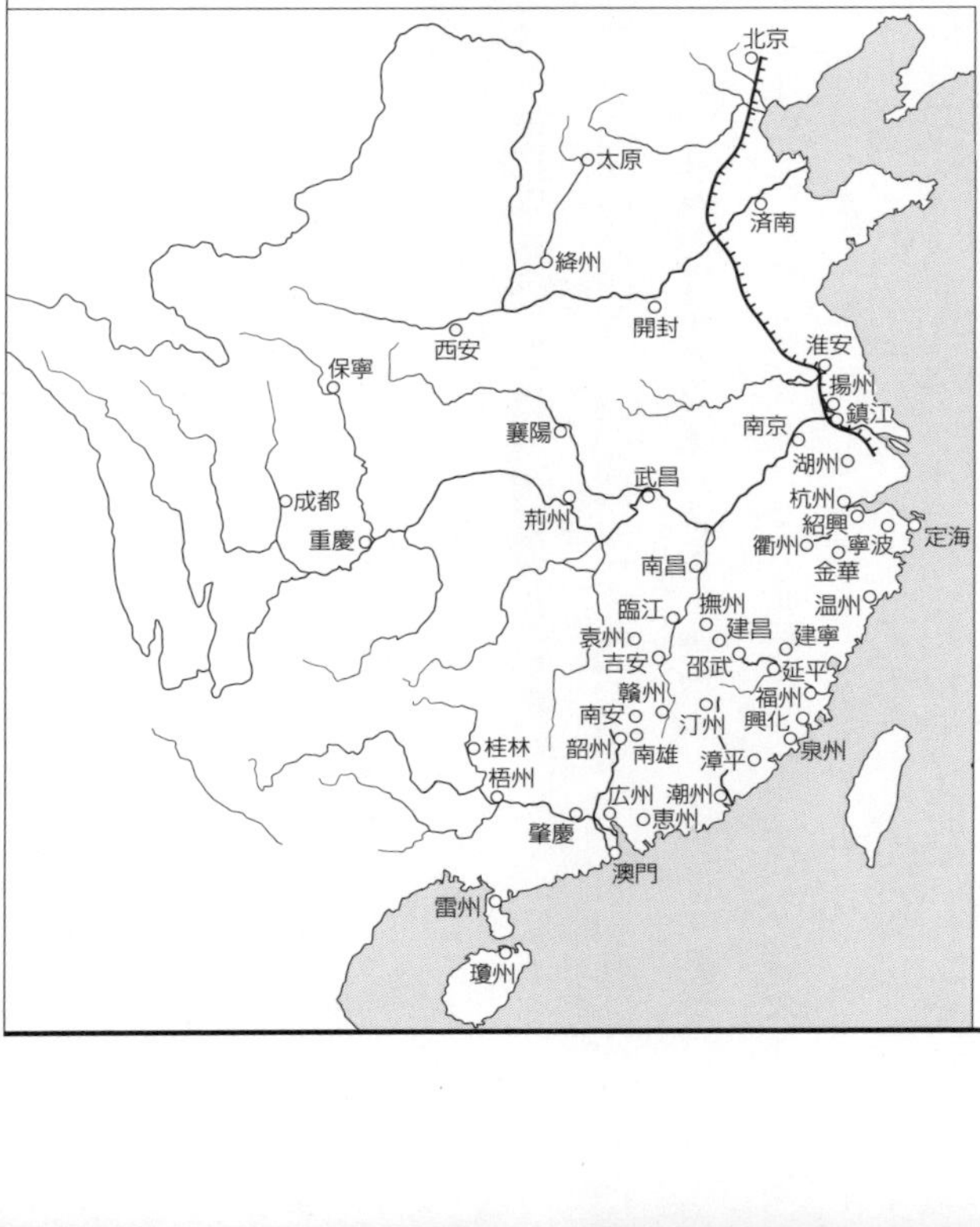

●明末清初における天主堂所在地

▼王宏翰(一六四八頃〜一七〇〇)
徐光啓から西学を学んだ祖父王国臣の影響を受けた医師。儒医と西洋医の融和をはかった。

布・エッチング・印刷などヨーロッパ最新の技術を学び、四庫全書編纂が始まる前、一七六〇年代にはすでに帰国していた。しかし彼らは急速な発展をとげているヨーロパの産業や科学について清政府の諮問《しもん》を受けるどころか、北京にも居住できず、広東付近で役人に逮捕された。

リッチの『坤輿《こんよ》万国全図』が明の万暦帝に献上されて以来、何人ものイエズス会士が世界地図を作成した。清代の世界地図は、康熙帝や乾隆帝に捧げられた。康熙帝はネルチンスク条約成立後、全国地図測量を計画し、一二年間かけて『皇輿《こうよ》全覧図』(四〇頁参照)を完成させた。多数のイエズス会士と何国棟《かこくとう》らが三角測量を実施し、中国一五省のほかに満州・蒙古・チベット・台湾・朝鮮を含めた正確な地図であった。『皇輿全覧図』は十八世紀末まで、清朝の地図製作の基礎となった。

一六九三年康熙帝が熱病に罹《かか》ったとき、ブーヴェらはペルーで発見されたキニーネで治療した。康熙帝はそのため西洋の医学を重視するようになり、晩年の各地巡幸には来華したばかりのルセを侍医としてともなった。乾隆帝もイエズス会士を内科医や外科医として、宮廷に待機させた。ヨーロッパ医学や医薬

上海の教会内部▲

円明園　ウィリアム・アレグザンダー画。

品の効能に注目する中国人医師も、あらわれた。康熙時代の王宏翰《おうこうかん》▲は、明以来のイエズス会士の学説を認める『古今医史』を著した。また乾隆期の王清任《おうせいじん》は、北京で医師として活動し、解剖による生理学研究と医療を進めた。

西洋建築は、十六世紀のマカオに建てられた教会から広がった。北京の宣武門内には十七世紀中期にシャールが教会を建て、のちにイエズス会士たちがこれを西洋式に改築した。外観はヨーロッパ風だが木製の柱で内装された中西折衷建築が、杭州・上海の天主堂に数多く建てられた。広東では十三行《こう》をはじめとして商社の西洋建築が広がり、十八世紀には中国家屋の改造がさかんにおこなわれた。

もっとも大規模なヨーロッパ式宮殿は、円明園である。一七〇九年につくられた円明園の分園である長春園に乾隆帝が住み、四七年からはヨーロッパ式宮殿に改築させた。カスティリヨーネが設計し、アティレ、ブノワらイエズス会士が協力して建造した。イタリアとフランスのバロック建築の影響が強い円明園は、一八六〇年に英仏連合軍に焼かれるまで、大噴水、花園、回廊などが稀有な美しさで知られた。

④―ヨーロッパに流入した中国文化

中国への関心

ヨーロッパ人は中国近海に船を送るようになった一五一〇年代から、中国情報を積み重ねていた。南部沿岸にたどりついたヨーロッパ人は、彼らが帝国と呼ぶ中国に少しでも長く踏みとどまり、未知の大国の実像を伝えようとした。ヨーロッパ諸王やキリスト教の教団は、世界に船出する商人・使節・冒険者・宣教師に、相手国の社会の現状や貿易の需要を詳しく知らせるように命じたから、中国にきたヨーロッパ人も各自の見聞録を本国に送った。

ドミニコ会士クルス(一五頁参照)が中国体験を振り返って書いた『華南事物誌』(一五七〇年)は、明の国土と住民を概観し、産業・風俗・政治などを論じたのち、自らも裁判にかけられたポルトガル貿易のトラブルを伝え、最後に中国観を述べた。総論から各論へというこのかたちは、リッチの『中国キリスト教布教史』以降の中国報告書に受け継がれた。

ヨーロッパ人はまず、自国にあって中国にないものに注目した。宣教師や使

▼デモクラシー　民主主義。民主政治。デモス（人民）とクラシィア（権力）を結びつけたギリシア語。

▼アリストクラシー　貴族制。貴族政治。主権が貴族に属していた古代ギリシアの政治形態。

節は、ギリシア以来のデモクラシー▲やアリストクラシー▲が中国に存在しない、と報告した。刑法が異常に発達しており、中国の法は統治者側にだけ存在すると述べた。学校制度がないことも、彼らの関心を引いた。ヨーロッパの大学では神学・法学・医学などの専門に進む前に、教養として文法・論理学・数学・天文学・音楽などを修める。ところが、高遠な哲学や狂いのない巨大な建造物をもつ中国に、アリストテレス論理学やユークリッド幾何学の分野が存在しないことは、大きな謎であった。

中国では役人が詩文の能力で選抜され、試験官に法学や天文学の専門家が加わらないことも、不思議だった。ヨーロッパでは国の誉《ほま》れとされる技術が、中国ではむしろ職匠の仕事として軽視されていることを、宣教師たちは文人との交流で知った。天体観測にたずさわったイエズス会士の話を聞いたり、船上から沿岸を観察したりしてヨーロッパ人は、十七世紀後半からしだいに精密科学の分野で、自分たちの優位を自覚しはじめた。

他方、ヨーロッパにはなく中国には豊富に存在するものが、ヨーロッパ人の関心を引いた。磁器や絹織物や茶は知られていたが、どのように中国で製造さ

茶の栽培

れているのかわからなかった。エジプトと並ぶ古い歴史、人口一〇〇万の巨大都市、ヨーロッパを凌ぐ城壁や橋、官僚支配、廟や風水の信仰など中国独自の文明が、来訪者の目についた。

旅行記という新しい分野が、読書界の人気を集めた。マルコ・ポーロ（二二頁参照）の時代と違って、十六世紀以後のヨーロッパでは見聞記が、夢物語として一蹴されることはなかった。宣教師・派遣使節らは中国ニュースをヨーロッパに送った。各地のイラストをヨーロッパに送る任務をおびて、使節団に随行する画家が報告にそえたスケッチや銅版画は、ヨーロッパ読者の興味をかきたてた。ベストセラーがでると出版業者は翻訳版を出し、ヨーロッパ諸国に情報が広がった。

十七・十八世紀ヨーロッパの旅行記ブームは、諸外国をよく知り商取引や布教に加わりたいという人びとを、ふやしただけではない。キリスト教とギリシア・ラテン文明を軸としてきたヨーロッパをあらためてみなおし、世界の多様な文化に目を開く比較文化の視点を、人びとにもたらした。

十字軍の歴史やオスマン帝国の脅威のために、非キリスト教徒にたいする敵意と軽蔑をあらわにしていたヨーロッパ人は、体系の異なった漢字文化圏の存在に驚き、あらためて自己文化を振り返った。

ヨーロッパ人はいつまでギリシア・ローマを手本として古典語を学び、文学や芸術の材を古典にとり、聖書の記述が正しいと信じつづけるのか。めざましい発展をとげる自国の言語をさしおいて、学者や文学者がラテン語で著述するのは何故か。

キリスト教は天地創造や洪水伝説を史実として説くが、五〇〇年前のヨーロッパを思い浮かべるのも容易ではない。羅針盤も印刷機も望遠鏡もなく、胡椒も茶も陶磁器もなかった時代を、人は想像できるだろうか。旧約聖書の時代のヨーロッパについて、どうして物事の真偽を確かめられようか。

信仰の牙城がゆらぎはじめた。古典文化であれキリスト教であれ、絶対的な権威ではなくなった。自由思想家▲があらわれ、神学の権威に包まれた奇跡や彗星の預言を否定した。科学者の職業集団が生まれ、真理のためには異端審問を恐れない人たちがでた。啓蒙思想家▲は人間の同一性を信じ、他国の習俗・文化を排除することなく、人間精神の発展史を伝えようとした。出版界がそれを支

▼**自由思想家**　十七世紀にリベルタン、フリーシンカーと呼ばれた思想家たちで、ルネサンスと啓蒙主義をつなぐ役割をはたした。

▼**啓蒙思想家**　十七・十八世紀ヨーロッパで、理性の自律を主張する啓蒙主義を支えたロック、ヒューム、スミス、モンテスキュー、ディドロ、ダランベール、ヴォルテールらを指す。自由主義経済・哲学・自然科学・教育・歴史学の諸分野で、近代市民社会に大きな影響を与えた。フリードリッヒ大王・ピョートル大帝・エカチェリーナ二世・ヨーゼフ二世らは、啓蒙専制君主と呼ばれた。

えるようになった。

ヨーロッパの各国や君主らがたがいに争っても、学者や書店は連絡を取り合い、自国で出版できない本は国外で発行した。世界に広がったイエズス会士がローマ本部をはじめ各地に書簡を送り、つぎつぎとその報告書や書簡集が刊行された十七・十八世紀のヨーロッパは、このような情況であった。中国文化はヨーロッパにどのような影響を与えただろうか。

磁器・絹織物――商品と技術

ポルトガル商人がヨーロッパに運んだ中国磁器は、古くからその存在が知られていたが、十五・十六世紀のヨーロッパではまだ貴重品であった。一六〇二～八二年にオランダ東インド会社が輸入した中国磁器は、一六〇〇万個をこえたという。一六〇四年に中国磁器を満載したポルトガル船をオランダが略奪し、磁器をアムステルダムに運んで売りさばくと、イングランド王ジェームズ一世▲もフランス王アンリ四世▲も競って入手したうえに、暴利を貪ったという。

ロシアのピョートル大帝・フランス王ルイ十四世ならびにイエズス会は、中

▼ジェームズ一世（一五六六～一六二五、在位一六〇三～二五）　スチュアート朝の国王で、スコットランド・イングランドをかねる。王権神授説を唱え、中産階級のピューリタンと対立した。

▼アンリ四世（一五五三～一六一〇、在位一五八九～一六一〇）　プロテスタントとして育ったナヴァル王。暗殺されたアンリ三世の後継者としてフランス国王になったが、フェリペ二世やローマ教皇に反感をもたれた。一五九八年にナント勅令を出し、信教の自由を認めた。カトリック信徒に暗殺された。

▼フリードリッヒ大王（一七一二～八六、在位一七四〇～八六）　武人の父フリードリッヒ・ヴィルヘルム一世に反し、詩と音楽を愛好しフランス文化に心酔した。宗教には関心がなく、寛容な政策をとった。

▼**フランソワ＝ザヴィエル・ダントルコル**（殷弘緒《いんこうしょ》、一六六二〜一七四二）　中国のイエズス会フランス宣教団の長。

明代の青磁

イエズス会紋壺（一六二五〜五〇年）

国で紋章入りの磁器をつくらせたし、プロイセンのフリードリッヒ大王▲はドレスデンで中国磁器を模造させ、国家事業などの元手とした。

中国磁器の流行は、ヨーロッパで喫茶の習慣が根づく時期にかさなった。一六一〇年にオランダで始まった喫茶は三〇年代にパリで普及し、一七五〇年にはロンドンの社会習慣として定着した。イギリス人のあいだでチャイナウェアといえば、陶磁器を意味する言葉になった。

輸入一辺倒だったヨーロッパ各地では、高価な磁器を自力でつくろうと懸命だった。十六世紀後半からイタリアのヴェネツィア、フィレンツェ、ピサなどで染め付け磁器がつくられたが、吸水性のない硬質の中国磁器にはおよばなかった。一七〇九年にイエズス会士ダントルコル▲が、はじめて清朝が管轄《かんかつ》する江西省景徳鎮《けいとくちん》でつくられる青磁生産の現場に、はいることができた。同年、ヨーロッパはついに硬質磁器の製作に成功した。ザクセン侯が製造を推進し、マイセンでは翌一七一〇年に彩色磁器があらわれた。ダントルコルは景徳鎮の土も、フランスに送った。

一七二〇年代から三〇年代にかけて、早くもヨーロッパ人の図案・絵付けによるヨーロッパ向けの中国磁器が、生産されはじめる。ヨーロッパ各国は広州に代理店をおき、食器とコーヒーセットを中心に、中国人労働者を雇って製作した。ヨーロッパ向けの「洋器」は、中国の伝統磁器にもしだいに影響を与え、東西の技術融合が生じた。中国の山水・人物・花卉《かき》の図案に、西洋の甲冑《かっちゅう》・紋章などが加わった。このほかに製造過程で、中国人がヨーロッパ風に絵付けする洋器もあった。万をこえる中国人労働者がヨーロッパ代理店の経営する工場で働き、広東《カントン》商人が取引した。イギリス製磁器の類似品が、逆に中国でつくられたこともある。漆器《しっき》は十七世紀後半にフランスやイギリスに輸入され、花鳥・中国女性・仏像・竜などの図案をもった漆《うるし》製家具が、ヨーロッパの住宅をかざった。壁紙はオランダやスペインの商人が輸入したが、十六世紀後半以後にはヨーロッパで、中国式を模倣する壁紙製造が始まった。

　絹織物は十七世紀に、ヨーロッパ諸国が活発に輸入した。フランスの東インド会社は、仕入れ値の三倍近い値段で売ったという。フランス政府は国産品を奨励したが、依然として中国品の密輸が多かった。イギリスの織物業者は絹織物の流行のために、廃業の危機にみまわれた。一七〇一年に、イギリスは絹織

▼短刺し　ショート スティッチ。短い針目で立体的な刺し方。中国では顧繍《こしゅう》（宋繍）、紗刺《しゃざ》し、レース繍など明代に著しい技術の分化があり、精巧な刺繍がヨーロッパで称賛された。

▼王叔和（?～二五〇頃）　西晋の医者。名医岐伯《きはく》や華陀《かだ》を継いで、中国最古の脈書『脈経』を著した。

中国の植物

▼ジャン＝バティスト・デュアルド（一六七四～一七四三）　一七一一年以来、ゴビアンを継いで『イエズス会士中国書簡集』を発行。『中華帝国誌』は十八世紀ヨーロッパに大きな影響を与えた。

物の輸入を禁止している。

江戸時代の日本は国内消費をまかなう絹の生産を始めたばかりで、ヨーロッパが輸入する絹織物は、すべて中国産であった。刺繍の方法も従来の平刺《ひらざ》しと違う短刺《みじかざ》▲しがヨーロッパで流行したのは、中国の影響を受けたといわれる。

中国の動植物はオランダ東インド会社の関心を引き、十七世紀に中国に派遣されたオランダ使節も画家をともなって多くの絵を描かせ、派遣記録の挿絵とした。十八世紀には中国在住のイエズス会士が、植物見本をヨーロッパに送った。藍《あい》や山梔子《くちなし》をはじめ植物を原料とする染色や養蚕《ようさん》の技術、さらに中国茶・桑・水稲の栽培、接《つ》ぎ木の技術、漢方薬による治療がヨーロッパに紹介されて、大きな反響を呼んだ。

とりわけ漢方医学が、ヨーロッパ人の関心を呼んだ。結核や天然痘の中国治療法と並んで、三世紀の王叔和《おうしゅくわ》▲が書いたといわれる『脈経《みゃくけい》』が、ラテン語・仏語・伊語・英語に抄訳された。イエズス会士デュアルド▲は『中華帝国誌』（一七三五年）の第三巻で中国医学を特集し、『脈経』『神農本草経《しんのうほんぞうけい》』ほかの仏文抄訳を掲載した。英・独・露訳があいついで出版された。

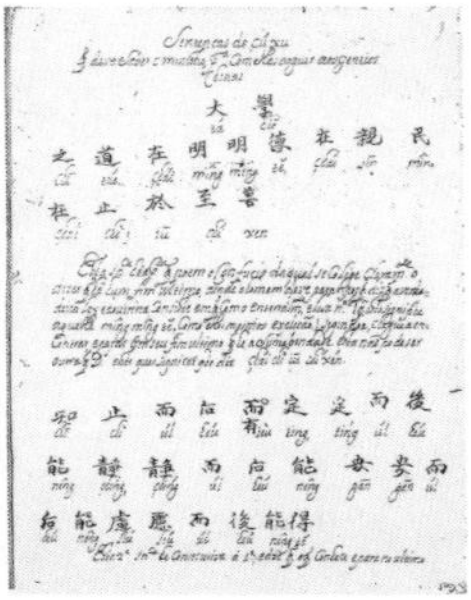
『大学』のスペイン語訳

中国庭園はヨーロッパ諸国に影響を与え、とくにイギリスの庭園設計家は十八世紀の中国へ行き、園林を見学した。ロンドン郊外のキュー植物園には湖、十階建ての角形の塔、竜などが配置されているが、一七五〇年にチェンバーズ▲が中国式庭園をめざして建てたものである。チェンバーズはキュー植物園をモデルにして、庭園のプラン、景観、建物にかんする著作を一七六三年に刊行している。ドイツやフランスの造園家はこのスタイルをアングロ・チャイニーズの庭と呼び、十八世紀後半のイギリスで中国庭園を研究した。

古典と文学

古代儒学がキリスト教と矛盾しないという方針をとっていたイエズス会士は、中国の古典をラテン語に翻訳した。一五九三年にリッチがイタリアに送った四書《ししょ》のラテン語抄訳、一六二六年にトリゴーが杭州で印刷した五経《ごきょう》の抄訳に始まり、多くの試みをへてノエル▲が四書を訳し、プラハ大学で一七一一年に出版した。

五経の『易経《えききょう》』は、天文・暦算の視点からイエズス会士の注目を引いた。ブ

▼ウィリアム・チェンバーズ（一七二三〜九六）　スウェーデン生まれのイギリス建築家。中国建築、ガーデニングの本を出し、キュー植物園を設計。

▼フランソワ・ノエル（衛方済《えいほうさい》、一六五一〜一七二九）　ベルギー人イエズス会士。江西で布教中に、典礼問題のためヨーロッパに派遣された。

ーヴェが『易経』を研究すると、康熙帝は江西省にいたフーケ▲を応援に呼んだ。一六六〇年代から中国哲学に関心をもっていたライプニッツ▲は、ブーヴェとの文通から易の影響を受けて、一七〇三年に「二進法計算を論ず」を発表した。ゴービル▲がラテン語訳した『書経《しょきょう》』は、一七七〇年パリで刊行された。

こうした古典研究にともない十七世紀以来、ヨーロッパで文法が研究される。マルティニが中国から帰欧したときにドイツにおいていった文法の原稿は、イエズス会士や医師の手で一六八〇年代に、ラテン語の中国語入門やハンドブックとして刊行された。一六九四年にブーヴェが帰仏したさい、彼は漢籍三〇〇冊をルイ十四世に捧げた。ブーヴェが書いた原稿をもとに、プレマール(四一頁参照)が一七二八年に広東で完成した『中国語文注解』は、当時のヨーロッパ人にとって最良の入門書となった。

言語と並んで、歴史と地理がヨーロッパ人の関心を呼んだ。この分野ではイエズス会よりも早く中国に進出したカトリック諸派が先行したが、十七世紀後半にはイエズス会が質量ともに上回った。帰欧するイエズス会士が漢籍を王室図書館に寄贈したり、イエズス会士の著作をヨーロッパで印刷したりした結果、

▼ジャン＝フランソワ・フーケ(溥《ふ》聖沢《せいたく》、一六六三～一七三九?) 教皇庁に呼ばれて一七二三年に帰仏。以後、典礼問題では中国イエズス会を非難した。

▼ゴットフリート・ウィルヘルム・ライプニッツ(一六四六～一七一六) ドイツの哲学者、数学者。政治家・外交官としても活躍した。

▼アントワーヌ・ゴービル(宋君栄《そうくんえい》、一六八九～一七五九) パルナンの後任として、対ロシア交渉に従事する満人にラテン語を教えた。古典に記された中国の天文観測を評価する一方で、ヨーロッパ諸国の天文台や科学アカデミーと交流を続けた。

中国文化への関心は宮廷関係者のあいだで高まった。イエズス会士が中心になって測量した地図は、ヨーロッパ諸国の軍用図にも利用された。

マルティニは『中国史』(一六五八年)で、中国の建国のほうが旧約聖書の年代記よりも古いと述べた。宗教界のみならず、ヨーロッパ社会の歴史観にも論争が起きた。聖書の記述がまったくおよばない地がこの世に存在することが明るみにでたため、イエズス会の意図とは逆に、神学そのものの権威が弱まったといわれる。

文学にも中国は影響を与えた。プレマールが翻訳した紀天祥《きてんしょう》▲の元曲『趙氏孤児《ちょうしこじ》』は、デュアルドの『中華帝国誌』に収録され、一七五五年にパリで刊行された。『趙氏孤児』は長いあいだヨーロッパで知られる唯一の中国戯曲となり、英・独・露訳がでた。ヴォルテールはこの作品から『中国の孤児』を創作し、パリで上演した。ゲーテ▲も一七八一年に『趙氏孤児』を読んで中国文学に興味をもち、英訳や仏訳の中国小説を愛読した。

十八世紀にはカフェや芝居に、中国趣味が流行した。フランス語やイタリア語でせりふを述べながら、中国の芝居と銘打ってヨーロッパ人が中国人を演じ

『中国の孤児』

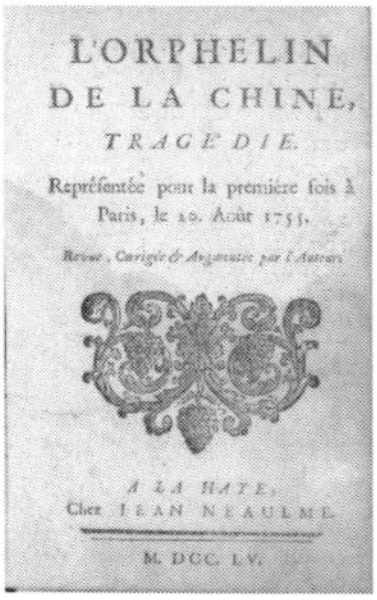

▼紀天祥　紀君祥《きくんしょう》とも呼ばれる。元代大都(北京)の人。『趙氏孤児』などの雑劇を残した。

▼ヨハン・ウルフガング・フォン・ゲーテ(一七四九〜一八三二)　ドイツの詩人。小説家。劇作家。自然科学・美術研究にも業績を残した。

る劇場が、十七世紀末からパリにあらわれた。中国人を主役にする演劇もつくられた。舞台セット、上演者の化粧にも、中国式をめざしたものがあった。

啓蒙思想

イギリス、ドイツ、フランスへと広がったヨーロッパの啓蒙運動を支えた思想家たちはキリスト教的歴史観と対立したさいに、非キリスト教世界のアジアやオリエント、とくに中国の情報に刮目《かつもく》した。

哲学者・数学者として知られるライプニッツは、元来プロテスタントであったがカトリックとも友好的だった。彼は一六八九年にローマでイエズス会士グリマルディ▲から話を聞き、天命や天道にそう中国の実践哲学は、ヨーロッパのキリスト教文明にまさると考えた。ライプニッツは倫理や処世の道では、中国人はヨーロッパ人よりも進歩していると評価し、一六九七年に『中国からの最新情報』を書いた。

ライプニッツは中国を、仁愛と博識をもつ開明君主のもとにある統一国家とみなして、ブーヴェの『康熙帝伝』を一六九九年にラテン語に翻訳した。また

▼フィリップ＝マリー・グリマルディ（閔明我《びんめいが》、一六三九〜一七一二）イタリア人イエズス会士。康熙帝の使者として一六八六年にモスクワへ派遣され、ヨーロッパ諸国をへて帰中した。

▼百科全書派　『百科全書』(一七五一〜八〇)の執筆と刊行に参加した二六四人のフランス啓蒙思想家の集団。アンシクロペディストと呼ばれた。フランス革命前夜に学問と技術を集大成し、革命を準備する役割をはたした。

▼フランソワ・ケネー(一六九四〜一七七四)　フランス経済学者。重農主義の創始者。重商主義に対抗し、自由放任主義を主張。『経済表』は経済循環・再生産・産業連環などの原型を示し、経済思想史の古典といわれる。

ベルリンとペテルブルグの科学院に、中国研究の学科目を組み込んだ。グリマルディが七年ぶりに中国に帰るとき、ライプニッツはイエズス会士がシベリアまわりでもどる許可を与えてほしい、とピョートル大帝への手紙を託したが皇帝は拒否した。ライプニッツもイエズス会と同じように、中国―ヨーロッパ間の陸路交通が必要だと考えていたのである。結局グリマルディはゴア経由で、マカオから一六九四年に北京にたどりつき、康熙帝に歓迎された。

ヴォルテールは中国の儒学を合理的な教説とみなし、ヨーロッパに儒学を伝えたイエズス会士は、自ら宗教の無価値を宣伝したようなものだと断言した。典礼論争にたいしても彼は、中国人がヨーロッパへ出かけて布教したことは皆無なのに、ヨーロッパ人だけが商売と宗教を世界の端までもっていく、とキリスト教布教そのものを批判した。ヴォルテールはヨーロッパ中心の世界史に反対し、インドと中国を重視した。根拠となったのは、キリスト教の創世記よりもはるかに古い歴史をもつ中国の存在であった。ディドロ、ダランベールら百科全書派▲からも、徳治支配の中国を称揚する意見がでた。

農業の生産と消費を再生産システムとしてとらえる重農主義者ケネー▲は、中国古代の税制を称賛し、土地単一税を主張した。ケネーを知己としたチュルゴ▲は『富の形成と分配』を著す前に、イエズス会がフランスに連れてきた中国人イエズス会士楊徳望《ようとくぼう》（六六頁参照）と高類思《こうるいし》から、中国の地租・賦税や、印刷・紡績・地理・物産などを聞き出して参考にした。そのために彼らの帰国が、一年延びたのである。重農学派の要求にもとづき、フランス人宣教師は中国農業と農芸の資料を、フランスに送った。

中国像の変化

ヨーロッパ人の中国認識が転機をむかえたのは、一七四八年にロンドンで出版されたジョージ・アンソン▲の『世界一周旅行』だった。イギリス海軍のアンソンは一七四〇年から五年間世界を周航し、マカオから広東にきた。公行《コホン》貿易（四三頁参照）のみを認めていた広州港でアンソンは、食糧補給を拒否された。しかし彼は封鎖をくぐり抜けたうえ、役人に賄賂を送り旗艦の補給に成功した。この経験からアンソンは中国海軍は無力であり、行政は腐敗していると述べた。

十八世紀の半ばまでヨーロッパ人が中国を知るための参考書は、宣教師の報

▼アンヌ＝ロベール・ジャック・チュルゴ（一七二七〜八一）　行政官。経済学者。『富の形成と分配』（一七六六年）で資本形成を認める。ルイ十六世のもとで財務総監。

▼ジョージ・アンソン（一六九七〜一七六二）　海軍士官。政治家。スペイン・フランスの戦艦を迎撃した。

告、とりわけその集大成であるデュアルドの『中華帝国誌』であった。中国を訪れた旅行者や商人の記述は少しずつふえてきていたが、啓蒙専政君主の中国政治を讃えるイエズス会士に、反論できる現場通の人はまだ少なかった。

ケネーはデュアルドを読んで、中国の専制政治を肯定的に評価したが、同じくデュアルドを参照したモンテスキュー▲は、専制支配は社会を腐敗させる、と『法の精神』(一七四八年)で述べ、イエズス会に反論した。モンテスキューの影響でルソー▲は、中国を奴隷国家と位置づけ、アンソンの見解も容れて中国の衰退は、自衛力の欠如によると述べた。

十八世紀のヨーロッパは、軍事力強化の時代であった。ヨーロッパ社会で軍部の影響が強まり、国際関係でも軍の判断が優先した。ヨーロッパと中国の力関係も変化しつつあった。ヨーロッパ諸国のなかでは対中関係に遅れて登場したイギリスは、はじめから大陸諸国のようには中国に熱中しなかった。指揮官アンソンは敵意ある嘲笑的な中国観をはじめて発信し、イギリス海軍は中国社会の否定的な側面に気づいた。弱く腐敗した中華帝国という決まり文句は、イギリスからやがてヨーロッパ列強の政府関係者や軍の将校へと広がっていく。

▼シャルル＝ルイ・ドゥ・スゴンダ・モンテスキュー（一六八九〜一七五五）　ボルドー高等法院副院長。フランスの啓蒙主義史学者。哲学者。一七二八〜二九年滞英。『法の精神』は三権分立、フランス革命、合衆国憲法に影響を与えた。

▼ジャン＝ジャック・ルソー（一七一二〜七八）　スイス生まれのフランス思想家。文学者。『社会契約論』がジュネーブで禁止され、イギリスに行きヒュームと交流。

プロテスタントの国イギリスからは、十八世紀中期以降、中国びいきが急速に消えていった。イギリス王室は宮殿の中国磁器を撤去し、イギリス製に取り替えた。中国の軍隊は弱い、とくに海軍が無力であるというアンソンの観測を補強したのは、一七九二年にイギリス政府が清朝に派遣した全権大使ジョージ・マカートニー▲だった。マカートニーは二隻のフリゲート艦があれば、中国の全海軍を破ることができると述べて、中国を沈み行く船に譬《たと》えた。

清朝によるたびかさなる天主教迫害は、イエズス会解散後のカトリック宣教師の報告にも、影響を与えはじめた。十八世紀末期には、中国はデウスに見放されあらゆる悪魔に魅入られている、という悪魔的中国のイメージが支配的になった。中国人は物質主義の汎神論者にすぎない、とカトリック宣教師は述べ、かつてイエズス会士がいだいていた孔子や儒学にたいする熱も、冷めていった。

十九世紀中国に数多くはいってくるプロテスタント宣教師は、イギリス・アメリカを中心に、カナダ・北欧の出身者であった。プロテスタント教会は、カトリックと違って各派の自律性を認めていたから、九〇をこえる教団が中国にはいってきた。プロテスタント宣教は、国王や教皇の援助を受けた十八世紀ま

▼**ジョージ・マカートニー**（一七三七～一八〇六）　イギリス外交官。植民地統治者。中国派遣全権使節として、一七九三年に熱河《ねっか》で乾隆《けんりゅう》帝と会見。貿易制限撤廃と貿易港の拡大を要求したが、拒否された。

でのカトリックと異なり、政治・経済・軍事でアジアにたいする優越感をもち、自給伝道をおこなった。

プロテスタント宣教師のあいだでも、中国の祖先崇拝を認めるかどうかの典礼問題は、イエズス会の場合と同じく議論になった。ただしカトリックがはいった時代は、中国人の儀礼を認めなければ中国では布教できないことをリッチたちはよく知っていた。だからこそイエズス会ははじめから祖先崇拝が宗教ではなく、社会の慣習であるとして受け入れた。十九世紀のプロテスタント側は、中国の祖先崇拝を認めないままで宣教した。典礼問題そのものを、知らない宣教師も多かった。

一八七〇年代に開かれたプロテスタント宣教師連合会議は、祖先崇拝が死者にたいする孝道をあらわし宗族《そうぞく》結合の役割をもつと、ある程度の理解を示したが、教会の行事としては認めなかった。宣教師は聖書を無謬《むびゅう》とする自分たちの教派を守り、中国固有の文化を深く知ろうとしなかった。

宣教師がキリスト教(基督教)を中国で布教できるようになるのは、西洋社会が中国に押しつけた天津条約(一八五八年)・北京条約(六〇年)以後のことである。

ただしロンドン伝道教会は十九世紀の初めからロバート・モリソン▲を中国へ派遣していた。プロテスタント宣教師の草分けといわれるモリソンは、イギリス東インド会社の援助を受けて、一八一〇年代からマカオで中国語辞典を出した。

ロンドンの雑誌『クォータリー・レヴュー』は、フランス皇帝ナポレオンの名入りで出版された中国語大辞典(一八一三年)を取り上げて、初期イエズス会士の報告は中国びいきで馬鹿げている、中国人は天文学も数学もきちんとした音楽ももっていない、と辛辣《しんらつ》に批評した。ヨーロッパ人の人種的偏見に裏打ちされて、柔弱で臆病な中国人がイギリス週刊誌のポンチ絵に描かれた。しかし一方では中国にかんする学問(シノロジー▲)が発展し、その研究者たちは中国人が文化的あるいは人種的に劣っている、というイメージをもたなかった。

十九世紀のヨーロッパ諸国は、中国が貿易優先をまったく認めようとしない、しかも軍事的には弱い、という認識のもとに、強制的に門戸を開かせることに歩調を合わせた。軍事力における清朝中国の弱さは、ヨーロッパ列強の干渉の口実になった。イギリスがしかけるアヘン戦争(一八四〇〜四二年)が、まもなく始まろうとしていた。

▼ロバート・モリソン(一七八二〜一八三四)　プロテスタント宣教師。イギリス東インド会社で、通訳としても働く。マラッカに中国人宣教師養成の英華学堂を建てた。新旧約聖書の中国語訳は、太平天国に影響を与えたといわれる。モリソンの死後、彼の名を冠したモリソン号事件が幕末日本で起き、蛮社の獄につながった。

▼シノロジー　言語・文化・歴史など中国にかんする諸研究の総称。一八一四年に、フランスの辞典にあらわれた用語。今日では、専門分野に分化した現代中国研究をも含む。

イエズス会士関係著訳書一覧

出版地は，初版が出た都市である。

1584	聖教実録《せいきょうじつろく》(ルッジェーリ　広東) 天主聖教実録とも呼ばれたカトリックの教理問答
1595	交友論《こうゆうろん》(リッチ　南昌) 古来，ヨーロッパに流布した友情論を箇条書きで紹介
1595	西国記法《せいこくきほう》(リッチ　南昌) 漢字・地域・人物などの記憶術を，実例つきで紹介
1602	坤輿万国全図《こんよばんこくぜんず》(リッチ　北京) 5大陸を6幅であらわした世界地図。地学的注記あり
1603*	天主実義《てんしゅじつぎ》(リッチ　北京)中国人と西洋人の対話形式による天主教の教理問答
1604	二十五言《にじゅうごげん》(リッチ　北京) ローマ時代の哲人エピクテートスの人生論を紹介
1605	幾何原本《きかげんぽん》(リッチ) ユークリッド幾何学の前半部を，徐光啓の協力で漢訳
1607	渾蓋通憲図説《こんがいつうけんずせつ》(リッチ・李之藻　北京) アストロラーベの原理と構造の解説書
1608	畸人十篇《きじんじっぺん》(リッチ　北京) 10の宗教的テーマについて，文人と対談した記録
1611	簡平儀説《かんへいぎせつ》(ウルシス　北京) 平面アストロラーベの技術的なマニュアル
1612	泰西水法《たいせいすいほう》(ウルシス　北京) ヨーロッパの水力利用を紹介し，水力学を解説
1614	同文算指《どうぶんさんし》(リッチ　北京) 実用算術の概説。後半には李之藻が問題を付加
1614	圜容較義《かんようかくぎ》(リッチ　北京) 等周図形をあつかう平面幾何学の命題を概説
1615	天問略《てんもんりゃく》(ディアス　北京) アリストテレス宇宙モデルによるヨーロッパ天文学概説
1617	測量法義《そくりょうほうぎ》(リッチ　北京) 象限儀などの観測機器によるヨーロッパ測量術を紹介
1623	職方外紀《しょくほうがいき》(アレーニ　杭州)『坤輿万国全図』の補編。世界5大陸の地理を解説
1623	西学凡《せいがくはん》(アレーニ　杭州) イエズス会学事規程を中心にヨーロッパの教育制度を紹介
1623	性学觕述《せいがくそじゅつ》(アレーニ　杭州) 霊魂と肉体との関係，天主と理気の区別を論述
1624	霊言蠡勺《れいげんれいしゃく》(サンビアーシ　上海) 人の霊魂についてのアリストテレスの著作を漢訳
1626	西儒耳目資《せいじゅじもくし》(トリゴー　杭州) 中国語の発音をアルファベットで表記した参考書
1627	遠西奇器図説録最《えんせいききずせつろくさい》(テレンツ・王徴　北京) 西欧の日用的な機械類を図入りで紹介
1628	万物真原《ばんぶつしんげん》(アレーニ　北京) 天主による万物の創造と主宰を論じ，朱子学を批判
1628	寰有詮《かんゆうせん》(フルタド　杭州) 天球についてのアリストテレスの著作を一部漢訳
1630	天学初函《てんがくしょかん》(李之藻　北京) リッチらによる21作品の漢文著訳書をまとめた叢書
1631	名理探《めいりたん》(フルタド　杭州) アリストテレス論理学を李之藻の協力で漢訳し紹介
1634	崇禎暦書《すうていれきしょ》(徐光啓・テレンツ・シャール　北京) 西法をいれ，宇宙論と暦法を統一
1637	西方答問《せいほうとうもん》(アレーニ　泉州) ヨーロッパの文化・社会を理想化し，問答形式で紹介
1640	口鐸日抄《こうたくにっしょう》(アレーニ　福建) アレーニと福建省文人との自由対話を10年間続けた筆記録
1643	火攻挈要《かこうけいよう》(シャール) 西洋法による銃砲・火薬などの製作・使用法を図示し解説
1664	天学伝概《てんがくでんがい》(李祖白) 天主教が中国にはいった歴史と明清での発展を強調した問題書
1669	西方要紀《せいほうようき》(フェルビースト　北京) 西方答問を抄録し清朝にヨーロッパを紹介
1669	妄推吉凶之弁《もうすいきっきょうのべん》(フェルビースト　広東) 天文を吉凶推算に利用した楊光先を批判
1671	Innocentia Victrix《インノケンティア ヴィクトリス》(グヴェア　広東) 楊光先事件におけるイエズス会の勝利報告
1672	坤輿図説《こんよずせつ》(フェルビースト　北京) 坤輿全図の地理学的解説。5大陸の説明もある
1674	坤輿全図《こんよぜんず》(フェルビースト　北京) 各地の動物や各国の特徴を記載した世界地図
1675	天経或問《てんけいわくもん》(游芸) アリストテレスの宇宙論と自然観を紹介し，日本にも影響あり
1718	皇輿全覧図《こうよぜんらんず》(ジャルトゥ他　北京) 測量による清朝領土と周辺地域の正確な地図
1724	律暦淵源《りつれきえんげん》(何国宗・梅瑴成他　北京) 天文学・数学・音楽理論にかんする西洋科学書
1744〜56	儀象考成《ぎしょうこうせい》(ケーグラー他　北京) 天文儀器のマニュアルと天体観測データ
1761	乾隆十三排地図《けんりゅうじゅうさんはいちず》(ブノワ他　北京) 清朝周辺諸国を含めた詳細な銅版アジア地図

＊天主実義の出版年については諸説がある。

参考文献

荒木見悟『竹窓随筆』明徳出版社　一九六九年
イエズス会編『聖イグナチオ・デ・ロヨラ書簡集』平凡社　一九九二年
『イエズス会士中国書簡集』（矢沢利彦編訳）（東洋文庫）平凡社　一九七〇〜七四年
ガスパール・ダ・クルス（日埜博司編訳）『クルス「中国誌」』新人物往来社　一九九六年（『十六世紀華南事物誌――ヨーロッパ最初の中国専著』明石書店　一九八七年）
アドリアン・グレロン（矢沢利彦訳）『東西暦法の対立――清朝初期中国史』平河出版社　一九八六年
後藤基巳『天主実義』明徳出版社　一九七一年
フランシスコ・ザビエル（河野純徳訳）『聖フランシスコ・ザビエル全書簡』（東洋文庫）平凡社　一九九四年
ジョアシャン・ブーヴェ（後藤末雄訳）『康熙帝伝』（東洋文庫）平凡社　一九七〇年
マッテーオ・リッチ、アルヴァーロ・セメード（川名公平訳・矢沢利彦注）『中国キリスト教布教史』（大航海時代叢書）岩波書店　一九八二〜八三年
安大玉『明末西洋科学東伝史――『天学初函』器編の研究』知泉書館　二〇〇七年
石田幹之助『石田幹之助著作集2　東と西』六興出版　一九八五年
石田幹之助『歐人の支那研究』日本圖書株式會社　一九三二年
岡本さえ『近世中国の比較思想――異文化との邂逅』東京大学出版会　二〇〇〇年

顧衛民『中国天主教編年史』上海書店出版社　二〇〇三年
黄一農『兩頭蛇――明末清初的第一代天主教徒』国立清華大學出版社　二〇〇五年
後藤末雄『中国思想のフランス西漸』（東洋文庫）平凡社　一九六九年
後藤基巳『明清思想とキリスト教』研文出版　一九七九年
佐伯好郎『支那基督教の研究』春秋社松柏館　一九四三～四九年
ジャック・ジェルネ（鎌田博夫訳）『中国とキリスト教――最初の対決』法政大学出版局　一九九六年
ウィリアム・シャング（安田震一）『絵画に見る近代中国――西洋からの視線』大修館書店　二〇〇一年
祝平一『説地――中國人認識大地形狀的故事』三民書局　二〇〇三年
張澤『清代禁教期的天主教』光啓出版社　一九九二年
沈福偉『中西文化交流史』上海人民出版社　一九八五年
平川祐弘『マッテオリッチ伝1～3』（東洋文庫）平凡社　一九六九～九七年
矢沢利彦『中国とキリスト教――典礼問題』（世界史研究双書）近藤出版社　一九七二年
李奭學『中國晚明與歐洲文學』中央研究院　二〇〇五年
フィリップ・レクリヴァン（垂水洋子訳）『イエズス会――世界宣教の旅』（「知の再発見」双書53）創元社　一九九六年
Michel Cartier, *La Chine entre amour et haine*, Declée de Brouver, 1998.
Louis Pfister, *Notices biographiques et bibliographiques sur les jésuites de l'ancienne mission de Chine (1552–1773)*, Chang-Hai La Mission catholique, 1932–34.

図版出典一覧

J. W. O'Malley & G. A. Bailey, *The Jesuits and the Arts, 1540-1773*, St Joseph's University Press, Philadelphia, 2005 7, 9 上右, 上左, 下左, 下右, 13, 17, 44 左
K. Nebenzahl, *Atlas of Columbus and The Great Discoveries.*, Rand McNally, New York, 1990 14
ウィリアム・シャング『絵画に見る近代中国』大修館書店　2001 年 69 左
ブーヴェ『康熙帝伝』（東洋文庫）平凡社　1970 33 左
『ポルトガルと南蛮文化』展カタログ 26, 75 右, 左
入間市博物館 72
加藤直人提供 25 上
京都大学人文科学研究所 45
上智大学キリシタン文庫 28
東京大学東洋文化研究所 21 左, 27, 58, 63
財団法人東洋文庫 カバー表, 15, 25 中, 下, 33 右, 34, 43, 44 右, 67 上, 77, 80
パリ国立図書館，著者提供 37, 61
万福寺 62
ユニフォトプレス提供 41
リスボン国立図書館蔵，著者提供 扉, 78
著者提供 カバー裏, 2, 21 右, 32, 55, 59 上, 下, 67 下, 69 右

図版に使用した東洋文庫所蔵の原典

J.-J.-P. Amiot, *Mémoires Concernant l'Histoire, les Sciences, les Arts, les Moeurs, les Usages, & c. des Chinois*, Tom.1, Paris, 1776
J.-B.Du Halde, *Description Géographique, Historique, Chronologique, Politique et Physique de l'Empire de la Chine et de la Tartarie Chinoise*, Tom.3, P.G. Le Mercier, Paris, 1735
J.-B.Du Halde, *The General History of China*, vol.3, John Watts, London, 1736
J.-B.Du Halde, *Lettres Edifiantes et Curieuses écrites des Missions Etrangères*, Nicolas le Clerc, Tom.1, Paris, 1717-58
A.Kircher, *China Monumentis, qua Sacris quà Profanis, Nec non variis Naturae & Artis Spectaculis, Alianrumque rerum memorabilium Argumentis Illustrata*, Amstelodami, 1667
L.Le Comte, *Nouveaux Memoires sur l'Etat Present de la Chine*, Tom.1, Paris, 1696
J.Nieuhoff, *L'Ambassade de la Compagnie Orientale des Provinces Unies vers l'Empereur de la Chine*, Leyde, 1665
Voltaire, *L'Orphélin de la Chine*, Paris, 1755

世界史リブレット⑩⑨

イエズス会《かい》と中国《ちゅうごく》知識人《ちしきじん》

2008年10月30日　1版1刷発行
2022年 7 月31日　1版4刷発行

著者：岡本《おかもと》さえ

発行者：野澤武史

装幀者：菊地信義

発行所：株式会社 山川出版社

〒101-0047　東京都千代田区内神田１-13-13
電話　03-3293-8131（営業）8134（編集）
https://www.yamakawa.co.jp/
振替 00120-9-43993

印刷所：明和印刷株式会社

製本所：株式会社 ブロケード

 ISBN978-4-634-34947-6

世界史リブレット 第Ⅲ期［全36巻］

〈白ヌキ数字は既刊〉

93 古代エジプト文明——近藤二郎
94 東地中海世界のなかの古代ギリシア——岡田泰介
95 中国王朝の起源を探る——竹内康浩
96 中国道教の展開——横手 裕
97 唐代の国際関係——石見清裕
98 遊牧国家の誕生——林 俊雄
99 モンゴル帝国の覇権と朝鮮半島——森平雅彦
100 ムハンマド時代のアラブ社会——後藤 明
101 イスラーム史のなかの奴隷——清水和裕
102 イスラーム社会の知の伝達——湯川 武
103 スワヒリ都市の盛衰——富永智津子
104 ビザンツの国家と社会——根津由喜夫
105 中世のジェントリと社会——新井由紀夫
106 イタリアの中世都市——亀長洋子
107 十字軍と地中海世界——太田敬子
108 徽州商人と明清中国——中島楽章
109 イエズス会と中国知識人——岡本さえ
110 朝鮮王朝の国家と財政——六反田豊
111 ムガル帝国時代のインド社会——小名康之
112 オスマン帝国治下のアラブ社会——長谷部史彦
113 バルト海帝国——古谷大輔
114 近世ヨーロッパ——近藤和彦
115 ピューリタン革命と複合国家——岩井 淳
116 産業革命——長谷川貴彦
117 ヨーロッパの家族史——姫岡とし子
118 国境地域からみるヨーロッパ史——西山暁義
119 近代都市とアソシエイション——小関 隆
120 ロシアの近代化の試み——吉田 浩
121 アフリカの植民地化と抵抗運動——岡倉登志
122 メキシコ革命——国本伊代
123 未完のフィリピン革命と植民地化——早瀬晋三
124 二十世紀中国の革命と農村——田原史起
125 ベトナム戦争に抗した人々——油井大三郎
126 イラク戦争と変貌する中東世界——保坂修司
127 グローバル・ヒストリー入門——水島 司
128 世界史における時間——佐藤正幸